一座城市文化基因的

生成
与
绽放

Generation

and

Blooming of

Cultural Genes of

Shenzhen

王京生

—— 著

社会科学文献出版社
SOCIAL SCIENCES ACADEMIC PRESS (CHINA)

目　录

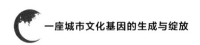

目 录

我们的文化何以自信自觉自强

西方三大哲人在不同时空里说过三句话："认识你自己"（苏格拉底），"实现你自己"（尼采），"超越你自己"（萨特）。套用这三句话解释文化问题很有意思："认识你自己"是指我们的文化自信从何而来，首先要认识自己，树立自信，没有自信，其他都无从谈起；"实现你自己"是说文化自觉，就是锻造自身文化特性，确立文化发展战略，寻求文化支撑；"超越你自己"就是我们文化发展的目标是什么，怎么实现文化自强的问题。深圳经济特区四十余年，不仅创造了举世瞩目的经济奇迹，还实现了文化的崛起。深圳 2008 年被联合国教科文组织授予"设计之都"称号，2009 年被世界知识城市峰会授予"杰出的发展中的知识城市"称号，2013 年被联合国教科文组织授予"全球全民阅读典范城市"称号，连续四次获评"全国文化体制改革先进地区"，连续六次荣获"全国文明城市"称号……一步一个脚印，深圳文化发展正是一个不断认识自己、实现自己、超越自己的过程，也是中国当代文化自信自觉自强的绝佳例证。

一　文化自信：文化积淀与文化基因、文化流动与文化创新

习近平总书记指出：文化自信是更基础、更广泛、更深厚的自信①，是更基本、更深沉、更持久的力量②。这六个"更"归结为一句话，就是告诉我们——文化的作用无以复加。文化是治国方略和国家昌盛的最基本因素。因此，确立文化自信是深圳文化发展的逻辑起点，决定着城市文化建设的眼光和格局。

一个国家、民族或城市要确立文化自信，都有一个寻找和建立的过程，对深圳来说更是这样。深圳一度被认为是"文化沙漠"，既然是"文化沙漠"，哪来的自信？按照文化沙漠论，深圳就没什么文化自信，没有文化自信又哪来的文化自觉、自强？所以深圳发展文化，首先就要破除"文化沙漠"的论调。文化沙漠论是由学术界影响到民间的一种认识。无论是原来做历史研究的，还是 20 世纪 80 年代"文化热"的时候，学术界对中国文化的反思都曾提出文化积淀的问题，最后演化成文化积淀论。说"文化积淀具有重要作用"是没问题的，但是一旦发展成"文化积淀论"，问题就来了。

文化积淀的重要作用体现在四个方面。第一，文化积淀下来就是文明。这是文化积淀最重要的作用。第二，文化积淀是文化传承的基本方式。只有积淀下来，文化才能传承、续接和

---

① 《习近平在中国文联十大、中国作协九大开幕式上的讲话》，新华网，2016 年 11 月 30 日。
② 《习近平在哲学社会科学工作座谈会上的讲话》，新华网，2016 年 5 月 17 日。

弘扬，否则文化就成为无源之水、无本之木。第三，文化积淀是国家和民族的根本凝聚力。我们之所以叫中华民族，最根本的是我们有共同的祖先、共同的根脉，共同的文化价值理念。第四，文化积淀潜移默化地影响我们每一个人。每个人生来就浸润在特定文化氛围里，比如风俗习惯、家庭文化教养和文化品质等，直至进入社会，无不受文化积淀影响。

文化积淀的作用虽然重要，但绝对不能被无限夸张，认为其无所不能。文化积淀论的主要表现是：首先，偏执地认为一个地方文化的强弱厚薄主要是靠文化积淀，认定积淀的厚薄是评价一个地方有无文化的基本标准；其次，把文化积淀看成文化发展的唯一根据，认为有没有文化、能不能发展，就看积淀怎样；最后，认为经济可以快速增长，文化只能慢慢积累。

文化积淀论的危害体现在五个方面。

第一，没有认识到单纯地强调文化积淀会压制和窒息一切生动、活泼的文化行为和经济行为。我们常见这样的事实，就是大家认为最有文化、积淀最深的地方往往是更难创新、更难打破旧传统的地方。因为积淀不仅会形成好的东西，也容易产生封闭性思维，使创新受到旧有习俗、观念、关系等的制约和掣肘。

第二，没有认识到文化发展就是不断地挑战传统和边界，而不能仅仅是对积淀的膜拜和坚守。文化从诞生之日起，就是与时俱进的产物，就是在创新中积累、在积累中创新，总是在寻找旧文化的弱点加以新的补充、在淘汰不合时宜的东西、在不断地推陈出新。这是文化的本义，否则，文化还谈什么发展。如果仅仅是为了积淀，那就让它慢慢自然生长就是了，但文化的真正意义不在于此。

第三，文化发展主要不是取决于文化存量，而是取决于文化增量。存下来的东西，可以决定历史，但是不能决定未来。

第四，生动的文化并非像树木一样，植根在哪里，就会一直固定在哪里生长。正如季羡林先生所言，"文化一旦产生，立即向外扩散"①。原来发端于两河流域的基督教，后来却兴盛于欧美地区，来自印度的佛教，却在东亚和东南亚形成蔚为壮观的气象，而中华文明也曾"远走他乡"，辐射到周边地区，带动诸如日本、韩国、新加坡等国家跻身世界前列。

第五，正是文化流动所形成的磅礴力量，推动着新兴城市或地区后来居上，成为名副其实的文化高地。我们注意到一个有趣的现象：历史上许多新兴城市都曾被戴过"文化沙漠"的帽子，比如纽约、上海、香港等。但这顶帽子阻挡不了新兴城市文化发展的步伐，也阻挡不了其中一些城市成为区域性或国际性的文化中心。

因此，我们必须树立一种新的文化观，深刻认识文化的本来意义和它的真正动力及规律，而不是沉浸在文化底蕴和文化沉淀中裹足不前。历史证明，文化不仅仅是积淀的结果，更是流动和创新的结果，不要看文化积淀厚薄和所谓的传统，而要看文化在一个地方流动的速度和水平。提出文化流动的理论，其目的正是寻求新兴城市的文化自信。

文化流动论认为：第一，文化流动是文化的本质，文化传承是纵向的流动，文化碰撞融合是横向的流动；第二，城市间的文化竞争，不仅表现为存量之间的竞争，更表现为文化增量之间的竞争；第三，文化积淀可以决定历史，但不能完全决定

---

① 《季羡林谈东西方文化：典藏本》，当代中国出版社，2017，第20页。

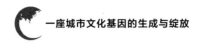

未来；第四，凡工商业发达之地，必有文化兴盛之都；第五，文化流动是文化创新最重要的条件和支撑。

文化流动取决于以下五个方面。

一是区位和物流。从历史上看，一个地方的兴盛往往和物流有关，而物流的先决条件是河流和港口等因素。在古代，大的河流旁必有大的城市，大的海湾必兴起大的城邦。如古丝绸之路那样靠马匹、骆驼运输的交易量有限，必须通过河流和海洋才能形成大的贸易。例如，杭州发达是在唐代以后，这是隋朝开凿的大运河逐步发挥作用的结果，南北物流的畅通，促使杭州兴起为江南繁华之地，也带动了洛阳、开封等整个中原地区的发展。再看今天的深圳，位居珠江口，在粤港澳大湾区中处于大江大河与海洋的交汇中心，它的区位和物流在全国独树一帜，是全国最大陆路口岸，连续 27 年全国外贸出口总额位居第一，2019 年集装箱吞吐量为全球第四，机场货运量、客运量分列全国第四和第五。因此，深圳具有文化流动的天然优势。

二是人口。人是文化的基本载体，只要有人的地方就有文化，流动的人群是流动文化的承载者。自建市至今，深圳一直是全国人口最年轻的城市，也是一个族群来源最广、最富于梦想的移民群落。移民的梦想为新观念诞生提供土壤，移民之间的碰撞求变为创新提供温床，移民的差异性为文化包容提供空间。就移民动机而言，可以说是五花八门，但是他们都有一个共同点，就是对过去生活的不满足。每个移民都带着一个梦想而来，成千上万的人就构成了梦的海洋。这成就了深圳这座城市强大的创造活力。

三是技术与传播。文化的流动与技术的进步日益正相关，技术正在成为文化流动的主要动力之一。借助技术的力量，文化流动的速度加快、规模扩大、质量持续提升。移动互联网时代的到来，使各种信息丰沛而均衡，没有传播死角，而深圳恰恰是互联网产业发达的核心区域之一。技术进步正在矫正地方与全球、边缘与中心之间的信息不平衡，也在逐步改变传统文化中心在文化流动中的主导格局。处在传统文化版图边缘的地区，完全有可能在文化的极速流动中成为新生力量、新兴节点，甚至新的中心。

四是文化产业。文化流动可通过物质的流动实现，如哪里有可口可乐、哪里有薯条，哪里就有美国文化。但更根本、更丰富的文化流动，靠文化产业的发展来推动，文化产业的发展是产生新文化最重要的基础，也是最重要的科学技术和生产力量。因此，文化产业举足轻重，先进的文化产业代表先进文化的前进方向。深圳开当代中国文化产业发展之先河，在多个细分领域成为全国标杆，尤其是在以创意、科技为引领的文化产业中创新亮点频出，"文化＋"模式异彩纷呈，文化创意产业增加值占全市 GDP 比重达 10%，核心文化产品出口值连续多年占全国的 1/6。发达的文化产业为深圳的文化自信提供了强大支撑。

五是经济。经济往往是现代社会各种资源配置的决定性因素，其对文化流动的影响不容忽略。凡工商业发达之地，必有文化兴盛之都。历史上有无数例证，像 20 世纪初的上海，经济高度发达，极大丰富的物质和商品，使上海率先进入消费社会，其文化生产也繁荣一时。城市的竞争通常历经拼经济、拼管理、拼文化三个阶段。鉴于近代以来经济在文化流动中的显著作用，深圳清醒地认识到，即使在中国城市发展迈入第三阶段即文化竞争阶段时，仍须注重经济实力的积累。没有雄厚的经济实力，

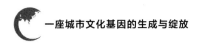

就难以推动文化的大规模流动和增长。没有物的流动和人的流动，再繁荣的城市文化也会逐渐式微。文化对经济的依赖作用不容忽视。恰恰是经济的强劲增长和高质量发展，为深圳文化自信奠定了强大物质基础。

正是基于流动是文化的固有特性，新生的深圳才有了文化自信，并因此敢于走出一条与别的城市不同的发展道路，至少不必畏首畏尾、亦步亦趋跟在别人后面。

二　文化自觉：文化立市战略
与文化权利、文化主权

没有高度的文化自觉，就不会有强烈的文化追求，就认识不到文化对于一个城市的根本性意义，就不会有文化的发展与创新。文化自觉首先是一种文化上的认识与觉悟，是一种内在的精神力量，是对文化繁荣与文明进步的强烈向往和不懈追求，更是对文化创造与开拓的具体行动。

文化是可持续发展的关键。经济特区成立以来，文化就成为深圳发展的题中之义。历届市委、市政府高度重视文化建设，先后于 20 世纪 80 年代、90 年代斥资兴建新老"八大文化设施"，并在 90 年代提出打造"现代文化名城"，2000 年后又陆续建成图书馆新馆、深圳音乐厅、中心书城等大型文化设施。除了大手笔投建文化地标，还打造了一系列深受市民喜爱的文化活动品牌，文化建设取得了不凡成就，促进了经济增长，也为后来文化跨越式前进，形成勇猛、刚健、创新的文化发展模式奠定了坚实基础。

那么，深圳为什么在 2003 年提出实施文化立市战略？因为

当时深圳受到两个困扰，一个是"深圳被谁抛弃"的争论，有人认为深圳所有优势都快丧失了，政策也利用得差不多了，国家也不太重视了，深圳已经被抛弃了。二是深圳面临土地、资源、人口、环境等四个"难以为继"的问题，遭遇这四大危机，怎么发展，全市都在寻求对策。正是在这种背景下，深圳开始走向全面创新之路，进行转型升级，文化立市战略也由此提出。

当时中国改革开放不到三十年，中国的城市已经进行了拼经济、拼管理的两轮竞争。第一轮是拼经济，一个城市发展得好不好，主要看 GDP 增长速度，深圳在这一轮竞争中完成了从无到有的迅猛增长。第二轮是拼管理，城市在快速发展的同时，怎样提高档次和品质开始摆上议事日程，管理好不好成为继经济因素后的一个重要评价标准。但城市最终拼的是文化，这是新一轮城市竞争的主战场。正如竞争战略之父、哈佛大学教授迈克尔·波特所言，基于文化的优势是最根本的、最难以替代和模仿的、最持久的和最核心的竞争优势。

这就是深圳提出文化立市战略的由来。其实当时也有争论，有人认为深圳是经济特区，提"文化立市"南辕北辙。但深圳市委认为城市竞争最终决战在文化，先后出台并实施了一系列相关措施。世界上一流的城市一定有两个辐射能力——经济辐射力和文化辐射力，而文化辐射力更长远、更持久。深圳要发展，就必须在文化上寻找更广阔、更可持续的发展动力。传统的动力在消失，到哪儿寻找新动力？而文化恰是蕴藏丰富、活力无限之动力源泉，只要创新文化，就能通过新的价值观念和一系列的精神追求去解决问题。也就是，把文化和创新关联在一起，文化的不同决定了创新的不同，文化的优势才是最根本的优势。所以，文化立市战略决定文件里有三句话，表明深圳市委的决心："以文化论输赢，以文明比高低，以精神定成败。"这个决定说明深圳当时已自觉站在文化的高度上去瞻视自己的未来了。正是这种文化自觉，让经济特区种出了文化大树。

文化立市战略具体措施中提出建设"两城一都"，即图书馆之城、钢琴之城和设计之都，旨在营造书声琅琅、琴声悠扬、创意无限的城市文化氛围。

为什么要建"图书馆之城"？"文化深圳，从阅读开始"。在可持续发展之中，最重要的是人的可持续，而人的可持续最关键是靠读书，读书不是一蹴而就的事，而是要作为这个城市最强大的基因一以贯之。"几百年人家无非积善，第一等好事只是读书。"所以深圳从那时开始，倡导全民阅读，不断地推动读书浪潮。"八月十八潮，壮观天下无。"每年的深圳读书月就像钱塘江潮似的，让整个城市书香弥漫。读书是长久之计，深圳由此开始大量建设图书馆、书城、书吧等，最大限度地为市民提供良好的阅读环境。目前全市有近千家图书馆，其密度之高居全国前列。深圳人对读书的热爱感动了时任联合国教科文组织总干事博科娃，当年她访问深圳，两度参观中心书城后说："我走过很多地方，去过很多城市，没有一个城市、一个地方像深圳那样，那么多家庭、那么多孩子聚集在书城尽享读书之乐，这快乐温馨的场面，我永远都会记得。"①

读书和创新之间紧密关联。世界上凡是国民热爱阅读的国家，也是走在创新前列的国家，甚至可说阅读指数和创新指数高度正相关。比如以色列，是全世界公认的最富创新力的国家，

---

① 王京生、樊希安、尹昌龙：《全球全民阅读典范城市：为什么是深圳》，《深圳特区报》2021 年 8 月 21 日。

也是最善于学习的国家之一，人均每年读书多达 64 本。瑞士、瑞典、英国、美国、日本、德国等莫不如此。国民阅读率决定国家的创新力。一个城市的文化从阅读开始，阅读不仅仅是提高人的素质和境界、创造一种更高雅的生活方式，还是用大气压制浮躁、用优雅驱逐粗俗，更重要的是为城市的可持续和创新发展提供不竭的动力。回溯深圳经济特区四十多年的发展历程，我们不难发现，这座城市无数大胆的改革设想和创新创意都来源于持续阅读与勤学善学，从而支撑着这座城市创造了巨大的经济奇迹和文化奇迹。

文化立市战略的提出和实施，无疑是深圳文化自觉的重要标志。而支撑起这一战略基础和高度的是两根支柱：市民的文化权利与国家的文化主权。

深圳文化发展中特别重视两个问题：一是建立公共文化服务体系，二是维护国家文化安全。而这两者的主体和核心是什么，究竟服务谁、维护谁？深圳最早给出了答案，"公共文化服务体系"服务的是市民的文化权利，而"维护国家文化安全"维护的是国家的文化主权。因此，"文化权利""文化主权"是主体和核心，是两个支柱。所有文化问题都围绕这两个支柱和核心展开，现在所有文化活动都属于这两个概念的内涵和外延。

文化权利主要包括四个方面内容。

一是享有文化成果的权利。主要是指政府要为市民提供优质丰富的公共文化服务，为市民打造良好的文化设施和环境，提供丰富多样的文化产品和服务。比如推出"戏聚星期六""美丽星期天""南书房夜话""深圳晚八点""文博会艺术节"等诸多文化品牌，每年持续发布"城市文化菜单"，形成"月月有主题、全年都精彩"的文化生活新局面，规划建设"新时代十大文化设施"，打造文化旅游融合发展的"十大特色文化街区"，等等。

二是文化参与的权利。如果仅仅是享受文化成果，那还停留在初级甚至是被动的层面上。与此同时，还要通过开展各种不同层次的文化活动，使广大市民能充分享有文化参与的权利。要实现市民文化权利，就必须最大限度地提供老少咸宜、各得其所的条件，包括鼓励市民为城市文化建设建言献策，鼓励发展文化义工、文化类社会组织，等等。

三是文化创造的权利。只有全社会资源都充分调动起来，并投入文化创造活动中，才能掀起大规模的文化建设高潮，使市民的文化创造热情得到进一步激发、潜能得到极大发挥。没有这种自由的文化创造空间和机制，文化权利的实现将停留在较低层次上，还不能真正造就具有文化想象力和创造力的现代市民群体。深圳保障市民文化创造的权利，一手靠政府推动，如音乐工程、美术工程、影视工程、文学工程"四大工程"等；另一手靠市场推动，如举办文博会、"创意十二月"、深圳设计周暨环球设计大奖，发展"文化＋"业态，促进大众创业、万众创新等。

四是文化创造的成果受保护的权利。也就是个人进行文化艺术创造所产生的精神上和物质上的利益享受保护权。政府对文化创造成果进行有效保护，有利于建构全社会尊重知识产权的合理秩序，从而提升个体对社会和文化生活的参与性和创造性，使文化作品的公共利益和私人利益形成良性互动。深圳注重依法管理文化事务、保护文化创造成果，如 1997 年通过《深圳经济特区公共图书馆条例（试行）》；2004 年通过《深圳经济特区文化市场管理条例》；2008 年通过《深圳市文化产业促进条例》；2009 年深圳市人大常委会通过决议，将每年 12 月 7 日设立为深圳"创意设计日"，是国内首个政府设立的"设计日"；2012 年通过《深圳经济特区文明行为促进条例》，该条例是国内首部文明行为促进条例；2016 年实施的《深圳经济特区全民阅读促进条例》，是我国全民阅读立法的一个创举；2020 年修订出台《深圳经济特区文明行为条例》；等等。

　　文化主权是国家和民族集体拥有的文化权利，是国家、民族尊严和文化认同的依归，是国家主权的精神支撑和思想内核。涉及一个民族和国家的核心价值观、传统文化及其特色，包括文明形态、文化遗产、民俗风情等，包括文化保护权、文化发展权、文化话语权。为什么文化主权成为深圳的关注范围呢？因为深圳从诞生那天起，就不是将视野局限于国内，中央赋予深圳的任务是参与国际竞争，成为全球标杆城市。拥有世界眼光，才能担当国家使命。世界上很多重要城市，其文化设施和文化品牌活动往往代表着国家形象、国家利益和国家立场。"中国（深圳）国际文化产业博览交易会"、《人文颂》、"一带一路"国际音乐季等正是让深圳成为弘扬国家文化主权重要载体的有效尝试。2004 年创办的"文博会"以博览和交易为核心，全力打造中国文化产品与项目交易平台，促进和拉动中国文化产业发展，积极推动中国文化产品走向世界，被誉为"中国文化产业第一展"，至今已成功举办 18 届，成为中国文化走出去的大平台。深圳历时 8 年创作的大型儒家文化交响乐《人文颂》，借助西方交响乐的形式与表现手法，开创了以艺术形式凝聚民族国家核心价值，并在全球交流展示的崭新模式，被联合国教科文组织确定为"向世界推荐的音乐作品"。中央要求"到本世纪中叶，深圳以更加昂扬的姿态屹立于世界先进城市之林，成为竞争力、创新力、影响力卓著的全球标杆城市"①，文化担当是题中应有之义，深圳应主动承担推动中华文化走出去的使命，实现国家立场、深圳表达。

三 文化自强：智慧型、包容型、力量型、创新型文化

什么样的文化才是一种强大的文化，深圳如何实现文化自强？关键是要为这座城市植入优秀的文化基因，形成强健的文化品格。这就是智慧型、包容型、力量型、创新型的文化，这也是文化立市战略向深度延展必须追求的战略目标。只有实现这个目标，深圳才能真正成为一个国际级的文化强市。

第一，打造智慧型文化。智慧型文化相对于蒙昧、盲动的文化形态，它的基本特征就是崇尚知识，强调张扬人的理性。任何具有生命力的文化，必然是充满智慧的文化，城市的智慧含量和理性水平，决定了其所能达到的文化高度，是城市文明程度和可持续发展能力的重要表征。智慧型文化包含两方面内容。

一是对工具理性的追求。体现为对技术产品的重视和偏好，反映人与物的关系，是智慧型文化的物质性、自然性内涵，表现为以科技手段打造智慧城市、数字政府，提高办事效率等。如深圳高科技产业一直领先全国，2019 年实现高新技术产业增加值 9230.85 亿元，增长 11.3%，其中具有自主知识产权的比

---

① 新华社：《中共中央 国务院关于支持深圳建设中国特色社会主义先行示范区的意见》，中华人民共和国中央人民政府官网，2019 年 8 月 18 日。

重超 60%；深圳被誉为"中国最互联网的城市"，互联网普及率位居全国第一；2020 年 8 月，深圳率先实现 5G 独立组网全覆盖，成为全球 5G 第一城。

二是对价值理性的追求。属于内在的心灵智慧，体现为对社会精神和人类伦理的重视，是智慧型文化的精神性、社会性内涵。如打造"两城一都"、开展"深圳读书月"等活动 20 多年，人均购书量连续保持全国第一，"市民文化大讲堂""关爱行动""创意十二月"等品牌蓬勃发展，努力建设"深圳学派"，实施"学术名家计划"，形成求学问道的良好风尚，等等。

第二，打造包容型文化。相对于封闭、专制、单一性的文化形态，强调开放、宽容、多样性和对话，具有海纳百川的气度和厚德载物的襟怀，是文化创造力的根本所在。中国文化强盛之时总是充盈着包容精神，先秦两汉与大唐盛世莫不如此。深圳是最大的移民城市，移民率超过 95%，城市发展呈现开放包容、创新进取的良性态势。"来了就是深圳人"最能体现城市海纳百川的气质。包容型文化具体包含三方面内容。

一是多样文化的包容。深圳文化是四十余年来上千万移民创造出来的文明成果，呈现出文化的多样性特色，是城市发展活力所在，体现了深圳文化的优势和先进。

二是干事创业的包容。鼓励创新、宽容失败，"在深圳一切皆有可能"，正是深圳精神、深圳力量的体现，靠着这种包容精神和理念，催生出大大小小的"第一个吃螃蟹"之举。

三是公共意识的包容。深圳的公共意识在全国发育相对较为成熟，用法治阳光照耀文明成长，市民法治精神、规则意识、公共文明观念普遍较强。深圳共制定法规 300 余项，其中与文明相关的 66 项，如《深圳经济特区文明行为条例》《深圳市义工服务条例》《深圳经济特区奖励和保护见义勇为人员条例》《深圳经济特区救助人权益保护规定》等。

第三，打造力量型文化。力量型文化亦可称为"血性文化"，相对于消解型、娱乐型文化，融合了血性和理性，强调正义、勇敢的价值品性，鼓舞人们奋发向上的激情。

力量型文化源于中国先秦文化中宝贵的"士"的精神，是我们民族血性的灵魂。对真理，"朝闻道，夕死可矣"；对事业，"苟利国家生死以，岂因祸福避趋之"；对强敌，"拼将十万头颅血，须把乾坤力挽回"。这种血性的力量型文化，至今还激励着中华儿女，让我们的民族长盛不衰、延续久远。

力量型文化具体包含四方面内容。一是强调秉性的刚健和血性。在深圳表现为敢闯敢试，突破传统计划经济体制的束缚，"杀出一条血路"。二是强调意志的坚韧不拔。"天行健，君子以自强不息"，今天所讲的中华民族伟大复兴的中国梦，正是这种凝聚人心的力量。三是强调充满蓬勃朝气、昂扬锐气、浩然正气。四是尊重文化的多样性。文化因多样性而可爱，不因单一性而高贵。深圳文化多元，百花齐放、百家争鸣是这座城市的发展之魂。

力量型文化并不拒绝那种纤巧柔丽、笙歌曼舞，也不拒绝智慧而冷静的对话，并不排斥消费、娱乐和物质，关键在于超越消费主义、享乐主义和物质主义，能够在物质与精神、理性与非理性的冲突中凝聚可持续发展的强大动力。

第四，打造创新型文化。创新型文化相对于既成型文化，是一切新兴城市共同的文化特色，也是有着远大抱负的城市必然推崇的一种文化特色。一座城市如果自觉地选择创新型文化，就会具有强大的爆发能力、造就文化发展奇迹，最典型的如深圳。创新型文化具体包含三方面内容。

　　一是精神文化层面的观念创新。深圳是一个首先生长观念，然后再生长高楼大厦的城市。如"深圳十大观念"是现代城市人的价值表达，是深圳一切实践活动沉淀和凝结的概念和信条，是这座城市底蕴的精神构造和进步的"生命之源"。正是在移民梦想的基础上，诞生了一系列跨时代的深圳观念："时间就是金钱，效率就是生命""空谈误国，实干兴邦""敢为天下先""改革创新是深圳的根，深圳的魂""让城市因热爱读书而受人尊重""鼓励创新，宽容失败""实现市民文化权利""送人玫瑰，手有余香""深圳，与世界没有距离""来了，就是深圳人"。正是深圳市民自己创造的观念，引领了时代，凝聚了民心，为深圳建设现代化国际化创新型城市提供了不竭动力。

　　二是制度文化层面的体制创新。深圳共制定法规 300 余项，是我国地方立法最多的城市之一，并且有 1/3 是在国家没有相关法例的情况下新创的，为创造上千个"全国第一"、建立社会主义市场经济基本制度框架奠定了坚实的法律基础。

　　三是物质文化层面的技术创新。深圳率先提出自主创新城市战略，PCT 国际专利申请量连续 16 年位居全国第一。企业自主创新出现"6 个 90%"现象，即 90% 的创新型企业是民营企业、90% 的研发人员在民营企业、90% 的研发投入来自民营企业、90% 的专利产生于民营企业、90% 的研发机构建在民营企业、90% 以上的重大科技项目由民营龙头企业承担。

　　文化在创新中究竟起什么作用呢？创新驱动发展，文化驱动创新。文化既为创新奠定核心价值，也为创新设置人文边界。文化形成创新所需的心理定式、反思能力和批判精神，为创新提供观念指引，塑造创新自觉、自信和自强。文化锻造企业家精神，营造"鼓励创新、宽容失败"的人文氛围，催生创新创意阶层，为"大众创业、万众创新"提供实现空间和环境支撑。创新创意就像种子，随风飘落在不同的土壤，在一些地方生根发芽，在另一些地方不是不能发芽，就是发芽、成苗也会黯然死去。正是文化不同决定了土壤的差异，只有创新的文化才能孕育创新的根芽。

智慧是基础，包容是前提，力量是本质，创新是动力。智慧型、包容型、力量型、创新型是文化力图在路径和内涵上寻找的一种有强大生命力和远大前途的新文化，是深圳希冀最终达到的城市文化高度，也希望通过深圳的实践，助力中华文化的伟大复兴。当一个国家和民族的文化不是保守的而是创新的，不是愚昧的而是智慧的，不是排外的而是包容的，不是自我消弭的而是充满力量的，它必将拥有一个璀璨辉煌的前程。

四十余载风雨兼程，深圳文化与这座城市共同崛起。然而，四十余年只是历史长河中稍纵即逝的一瞬，必须清醒地看到，与世界一流城市相比，深圳文化还存在一些差距。近年来，深圳大力实施《深圳文化创新发展 2020（实施方案）》，坚持问题导向，致力于打基础、谋长远、补短板、强弱项，推动了文化强市建设再上新水平，在文化发展征程上留下了闪光的印记。

2020 年 7 月 22 日，在深圳推进中国特色社会主义先行示范区建设领导工作小组会议上，《深圳加快建设区域文化中心城市和彰显国家文化软实力的现代文明之城实施方案》审议通过，将构建六大体系，把深圳建成精神文明建设典范、国际时尚创意之都、公共文化服务标杆、文化创意产业先锋、世界级旅游目的地和国际文化交流中心。蓝图绘就，唯有更加脚踏实地、刚健进取，才能迎来更为灿烂的明天。

"看似寻常最奇崛，成如容易却艰辛。"深圳这座城市是年轻的，也是伟大的。她的伟大不仅仅在于其创造的物质财富，更重要的是，作为一座创新之城、梦想之城，她在价值理念上一直是面向未来的。她对文化自信、自觉、自强的不懈探索，代表着中华民族不屈不挠的奋斗意志和学习精神，正在创造的是一种别样的、崭新的、高尚的文明范式！

第一章

城市与文化基因

就人类文明发展而言，城市的兴起是具有里程碑意义的历史事件。美国学者乔尔·科特金就此指出："城市的演进展现了人类从草莽未辟的蒙昧状态到繁衍扩展至全世界的历程。正如法国神学家雅克·埃吕尔曾经注意到的，城市也代表着人类不再依赖自然界的恩赐，而是另起炉灶，试图构建一个新的、可操控的秩序。"① 著名史前考古学家戈登·柴尔德则认为，城市的出现是人类文明史中一场具有深远意义的"城市革命"，大型居住区、财富集中、大规模公共建筑、出版物、表演艺术、科学知识、对外贸易、从事非生产劳动的专业人员、阶级社会、以居住区而不是以亲属关系为基础的政治组织，成为表明城市文明到来的正式鉴别标准。② 而从考古发现上看，城市革命首先发生于美索不达米亚，随后在埃及、印度河流域以及中国华北地区都出现了城市。时至今日，人类已经有一半以上人口居住在城市，正处于一个"城市时代"。尽管如此，"城市是什么"依然是个值得追问和探讨的重要话题。

---

① 〔美〕乔尔·科特金：《全球城市史》，王旭等译，社会科学文献出版社，2010，前言第 1 页。
② 参看〔英〕戈登·柴尔德《城市革命》，陈洪波译，《都市文化研究》2010年第 1 期。

一　归依之所、居住之地、交易之地

在人类漫长的发展史上，城市的起源和发展轨迹并不是完全清晰可见的，我们只能依据某些历史遗存、典籍甚至文化想象来描绘、勾勒城市产生及其演变的大致轮廓，并在此基础上提出关于城市发展的理论形态。比如美国学者科特金在其《全球城市史》一书中建构了一个城市发展的模型，在这一模型中，神圣、安全、繁忙构成了三个主要变量，三者既是世界城市发展的普遍特征（城市经历的普遍性），同时也是城市取得成功的关键所在：地点的神圣、提供安全和规划的能力、商业的激励作用是决定城市全面健康发展的三个关键因素，在这些因素共同存在的地方，城市文化就兴盛；反之，在这些因素式微的地方，城市就会淡出，最后被历史所抛弃。①

无独有偶，美国另一著名学者刘易斯·芒福德的《城市发展史——起源、演变和前景》一书，第一章也是以"圣地，村庄，要塞"为题开始对城市发展史的论述，与科特金建构的城市发展模型有异曲同工之妙。因此，我们不妨以科特金的城市发展模型为中心，来探讨"城市是什么"这一问题。

在人类发展史上，无论是乡村，还是城市，聚居都是一种自然形态，正如《史记·五帝本纪》所云："舜耕历山……一年而所居成聚，二年成邑，三年成都。"然而，聚居地点（由乡村到城市）的选择，往往不是随机的，其中就有基于神圣的考虑。

---

① 〔美〕乔尔·科特金：《全球城市史》，王旭等译，社会科学文献出版社，2010，序言第 5 页。

如科特金所说，"（建造城市）这种耗时巨大的努力需要一种道德和社会秩序以及人对自然的支配关系，以应对社会的复杂管理和对自然界更具支配力的关系，这是从已经维系了传统的乡村生活千年之久的家族血缘关系中脱离出来的重要一步。最早的城市正是作为这些变化的载体而兴起"。① 其间，祭司、巫师等神职阶层成为新的城市秩序的主要组织者，他们负责阐释人高于自然的神圣法则，完善礼拜体系，在复杂的大型公共活动中规范很多往往看似无关人们实际生活的活动，赋予城市以秩序和恒久的含义。正是基于其重要性，供奉诸神的神庙等宗教建筑位居城市中心并主宰了早期的城市轮廓就不足为奇了。这种古代城市宗教起源的相似之处，在古代的美索不达米亚、埃及、印度、中国和美洲皆可见。由此，美国历史学家科特金认为，在世界各地早期城市的建造者中，存在着某种"心理一致"现象。而芒福德则为此提供了一个关于"墓地与圣祠"的具体分析："古人类敬重死去的同类……这种对死去同类的敬重心理，大约比实际的生活需要更有力地促使古人要寻求一个固定的聚汇地点，并最终促使他们形成了连续性的聚落……这些固定的地面目标和纪念性聚汇地点便逐渐地把有共同的祭祀礼俗或宗教信仰的人们，定期地或永久性地集中在一起。"②

再看安全。自远古时期起，安全需求就是人类的第一需求，因为人类族群一直以来都面临着自然和非自然的双重威胁，前者来自气候、灾害等自然环境，后者来自部落、族群之间的资

① 〔美〕乔尔·科特金：《全球城市史》，王旭等译，社会科学文献出版社，2010，第 5 页。
② 〔美〕刘易斯·芒福德：《城市发展史——起源、演变和前景》，宋俊岭、倪文彦译，中国建筑工业出版社，2005，第 5~8 页。

源争抢和利益冲突。为此，人类部族通过聚居的形式，建立居住场所和防御设施，形成了聚落。随着各部族规模的扩张，部落之间的冲突也随之加剧，为了争夺双方定居区域之间的资源，部落战争时而出现，人类的安全需求变得更加迫切。这样的情形在城市时代也同样如此。比如在中国，"城"一字最初是指包围在一定区域、依托某种地形而构筑的较大的军事防御工事，也即城墙。城墙之下往往有环形水道，称为"池"或"隍"，人口在这些城的集中，从根本上说是基于政治、军事保护而获得安全的需要。

芒福德在研究中世纪欧洲城镇的兴起时，也同样指出了"城"的功能首先是基于安全需要这样一个历史事实："（欧洲）在 9 世纪就遭受了古代斯堪的纳维亚人那次最后的打击。这次最后打击是致命的……由于惧怕这些海盗的突袭，当地人一定组成一种新型社区……纯粹出于需要，一个重要历史事实被重新发现：面对简陋如 9 世纪时的西方军事进攻手段，如果有一座设防堡垒，耸立于难以攀缘的石壁之上，就足以保障和对无助的低地部族的安全需要。"① 这当然仅是欧洲中世纪杂然交错的城镇化运动兴起的一个方面，但也足以揭示人类文明发展的某种类似性，这也就是在政治、宗教的"神圣"之外，城市的出现还基于"安全需要"和"保护功能"的历史事实。

最后看繁忙。从聚居功能意义上的区位（区域）分化角度看，城市的普遍兴起主要在于贸易的驱动，这也就是科特金所说的"商业的激励作用"。即便是对于中国这样的"乡土社会"

---

① 〔美〕刘易斯·芒福德：《城市文化》，宋俊岭、李翔宁、周鸣浩译，中国建筑工业出版社，2009，第 16 页。

而言，虽然乡村的农家经济自给自足性很高，但相互的交换依然是必需的，其生活所需依赖于外来的货物供给，这就构成了乡村里的商业活动；同时依托于这种商业活动的开展，形成了货物的流通和人口的聚集，成为传统社会中的"市"，并与"城"相区别。与城不同，"市"（或街、墟、集）由于偏重商业，往往位于交通较为便捷之地，它在某一阶段往往是临时性的，而随着商业活动的逐渐发达，市集的集合也逐渐频繁，囤积货物的仓库、商店、住所也产生了，并形成了永久性的社区，是为"市镇"。① 以丝绸之路的起点城市长安为例，有唐一代，政治、经济和社会生活相当开放包容，且由于与西域诸国、北方诸族在相当长的时间内保持着频繁的贸易往来，进入了全球贸易体系，大量来自中亚、西亚的商人居住于长安，长安因而成为全球首屈一指的大都市。

在西方，早在古希腊时期，雅典等城邦的兴盛，在相当意义上是其倚赖地中海贸易网络的结果：在雅典的比雷埃夫斯港湾，人们不时能看到停泊在那里的大货轮，正是这些船把比雷埃夫斯造就成整个东地中海的商业中心，它们从黑海沿岸运来了粮食，从北边的马其顿运来了木材，从埃及运来了亚麻和异国的牲畜，从迦太基运来了地毯，从阿拉伯运来了香料，从其他地方运来了象牙、羊毛、葡萄酒、奶酪以及其他商品，这使得资源匮乏的雅典成为希腊经济最发达的城邦。在 16、17 世纪，英国（英格兰）的经济改革所带来的经济发展（圈地运动、农业技术改进和海内外贸易）以及职业阶层的扩大和城市财富的积累，使伦敦这个最大的受益者，超越安特卫普和里昂成为

---

① 费孝通：《乡土中国》，上海人民出版社，2007，第 265～267 页。

世界金融中心，成为人口集聚的最富足的城市。伴随英国的发展，伦敦在今天依然处于全球城市的第一梯队。

由此可见，城市是什么？我们不妨简单归纳如下：城市是皈依之所（神圣）、居住之地（安全）、交易之地（繁忙），是人类社会生存与发展依托的物质和精神家园。

二　城市发展的终极意义

由科特金的论述可知，所谓"神圣"，属宗教层面的概念，广义上也可理解为道德操守的约束或市民属性的认同，是某城市赖以维系的精神支柱。如美索不达米亚的古巴比伦，被喻为诸神降临大地的"众神之门"；伊斯兰城市布局中的清真寺成为城市生活的中心；中国皇帝居住的权力中心——都城，也是最神圣的地方。所谓安全，是指一个城市所能提供的最基本的安全保障，包括安全的经济环境、社会环境和政治结构。人类历史上第一座人口过百万的大城——罗马的兴起，就与其作为强大帝国的首都所提供的安全保障有着直接的关系。所谓繁忙，主要是指经济基础坚实，商业市场完善，城市的社会基础——中产阶级发育较为成熟。① 近代以来，随着资本主义的兴起而走向兴盛的城市，如威尼斯、里斯本、安特卫普、伦敦和纽约等城市，其崛起无不说明对财富孜孜不倦的商业追求给城市繁荣带来的深刻影响。

科特金眼中古代伟大城市的三大共同特质——神圣、安全、

① 王旭：《译者序》，《全球城市史》，王旭等译，社会科学文献出版社，2010，第3~6页。

繁忙，从今天的角度来看，"神圣"是指精神文化层面，市民有共同的观念、信仰和精神追求；"安全"则指城市管理和社会治理井然有序，平安和谐；"繁忙"则可理解为经济繁荣、创新活跃，各种资源和人员流动频密。相比较而言，宗教的神圣因素较为持久，安全和经济因素则变数很大，在世界范围内经济发展的重心呈现周期性变化，出现此消彼长、各领风骚的历史局面。尤其随着近代资本主义的兴起，经济（繁忙）成为城市发展的核心动力，极大地左右了全球城市的版图格局。比如威尼斯在 14 世纪就以其超凡的经商理财能力一跃成为西方世界的贸易和金融中心，在 16 世纪初期更是以其工商业的发达成为欧洲最富有的城市。反过来，随着跨洋新航路的开辟，里斯本、安特卫普、阿姆斯特丹、伦敦等城市迅速崛起，局限于地中海贸易的威尼斯也随之衰落。而在城市安全方面，与古代城市一样，安全及其管理问题一直是决定城市命运的重大因素。比如随着帝国的衰落及其功能的缺损，罗马因蛮族的入侵最终陷落，其揭示的城市安全问题，颇具悠长的历史意味。

纵观国内外城市史，城市的发展以经济为基础，以管理（制度）为保障，以文化为灵魂。在我们看来，城市发展也像孩子成长一样，都有一个关键阶段，孩子最关键的阶段是"学说话、学做人、学规范"阶段，因此城市发展继"拼经济""拼管理"后，就会进入"拼文化"阶段，拼的是城市文化、核心价值观、市民文明素质等。大致而言，它们可分别对应科特金所说的繁忙、安全和神圣。而现代城市的竞争之所以会从"拼经济、拼管理"进入"拼文化"阶段，是因为一座城市的终极意义不是 GDP，不是管理，而是文化，最终决定一个城市品质和地位的是文化，以文化论输赢、以文明比高低、以精神定成败。文化成为决定未来发展的关键，成为城市的核心竞争力，文化形态是一座城市有别于其他城市的根本所在。

正如科特金所指出的，城市总是存在这样那样的威胁，比如战争、瘟疫、自然灾害等，但城市却显示出非凡的恢复力。城市之所以能够在经历了一次次的威胁、危机甚至成为废墟后获得重建并焕发出新的发展力，其根本就在于城市文化，"一个伟大城市所依靠的是城市居民对他们的城市所产生的那份特殊的深深眷恋，一份让这个地方有别于其他地方的独特情感。最终必须通过一种共同享有的认同意识将全体城市居民凝聚在一起"。社会学家罗伯特·以斯拉·帕克（也译作罗伯特·埃兹拉·帕克）也指出："城市是一种心灵的状态，是一个独特风俗习惯、思想自由和情感丰富的实体。"①

事实上，放眼人类走过的历史，包括今天的世界格局，世界上的一流城市、尖端城市靠什么获得了广泛的赞誉和影响力？经济基础和管理水平固然重要，但文化影响力无与伦比，并成为这个城市人类文明的重要标志。比如北京、上海、巴黎、伦敦、纽约这些标志性的城市，最终决定影响力的均是其城市文化。研究世界历史就可以看出，世界上一流的城市一定有两个辐射能力，经济辐射能力和文化辐射能力，而文化辐射力更长远、更长久，是更重要的可持续发展因素。建一座城市，不光要创造经济繁荣，更重要的是要让我们的灵魂有所安放、有所皈依，这就是城市发展最终要拼文化的目的。

在全球化时代，我们常讲创新驱动发展，那么又是什么在驱

---

① 〔美〕乔尔·科特金：《全球城市史》，王旭等译，社会科学文献出版社，2010，第 277 页。

动创新呢？当我们在考察世界各国、各城市创新能力、创新历程和创新效果的时候，我们会发现其中存在着巨大的差异。这除了与创新主体具备的一般性创新要素如资本、科技、市场、集成能力、制度等有直接关系，更重要的则是背后隐含的文化差异。

美国学者刘易斯·芒福德在《城市文化》中指出："仅仅从城市的经济基础层面是没有办法去发现城市的本质的。因为，城市更主要是一种社会意义上的新事物……城市体现了自然环境人化以及人文遗产自然化的最大程度的可能性；城市赋予前者以人文形态，而又以永恒的集体形态使得后者物化或者外化。"[①] 在这个意义上，芒福德认为城市的文化运行产生出人类文明，因而城市是文明社会的孕育之所，文化则是城市和新人类间的介质："城市是文化的容器……这容器所承载的生活比这容器自身更重要"，"最初城市是神灵的家园，最终成为改造人的场所。从城市中走出的，是大量面目一新的男男女女"。[②] 丹尼尔·贝尔在《资本主义文化矛盾》等著作中将社会划分为经济、政治和文化三个领域，其中文化是符号和意义得以表达的领域，它的轴心原则是自我实现和自我满足，事关人类生存的意义，始终是人类终极关切的问题。[③]

现在很多人在谈及创新要素时更多地集中在资源、人才、教育以及社会结构方面，往往忽视了文化的决定性意义。在我们看来，文化的不同造成了城市创新的迥异，城市创新的根本

---

① 〔美〕刘易斯·芒福德：《城市文化》，宋俊岭、李翔宁、周鸣浩译，中国建筑工业出版社，2009，导言第 5 页。
② 转引自〔美〕刘易斯·芒福德《城市文化》，宋俊岭、李翔宁、周鸣浩译，中国建筑工业出版社，2009，译者的话第 xvii 页。
③ 〔美〕丹尼尔·贝尔：《资本主义文化矛盾》，严蓓雯译，江苏人民出版社，2007，第 3 页。

有赖于文化的驱动与支撑。我曾经在《什么驱动创新——国家创新战略的文化支撑研究》一书中指出文化的这种驱动和支撑作用的八个方面：一是文化提供支撑创新的核心价值，二是文化提供支撑创新的心理定式和新的传统，三是文化为创新提供与时俱进的观念支撑，四是文化提供创新所需要的创新自觉、创新自信，五是文化锻造创新所需要的企业家精神，六是文化培育创新所依赖的创新创意阶层，七是文化为"大众创业、万众创新"提供实现空间和环境支撑，八是文化为创新营造"鼓励创新、宽容失败"的氛围。[①]

　　以上八点内容，在这里我们可以列出观念创新、企业家精神这两方面对于城市发展的深远意义。在我们看来，观念的创新不仅仅是风尚的演变，更是价值的流变。一个城市要保持活泼的生命力，就必须有观念创新的能力，并通过观念创新，形成对城市创新力的锻造和竞争力的提升。城市创新涉及全方位的创新，尤其需要观念的引领，这是人类发展史上的铁律。可以看到，作为中华民族伟大复兴的战略举措，改革开放本身就是与时俱进、思想解放的产物，它所高扬的变革旗帜对国人的思想激荡及其所引起的连锁反应，为后来取得的伟大成就奠定了基础。而作为其中的杰出代表，深圳特区之所以能在改革开放中异军突起、大放异彩，原因固然有很多，但敢闯敢干、杀出一条血路的创新观念则是根本的。就此而言，深圳十大观念本身就是创新的十面旗帜，比如"来了就是深圳人"不知给了多少外来创业者以温暖，这种包容气度是中国城市中少有的。

---

① 王京生：《什么驱动创新——国家创新战略的文化支撑研究》，中国社会科学出版社，2017。

而城市创新依赖于企业家这一主导群体，文化催生了企业家的创新品格，它对企业家的培育主要体现在发现和创造机会的能力、塑造团队文化的能力、不断挑战边界的精神、资源整合和集成的能力，等等。特别是文化可以让真正的企业家跳出急功近利的利润追求，养成熊彼特所倡导的"企业家精神"三要素：建立一个"王朝"的梦想，追求成功的"征服的意志"与"战斗的冲动"，"创造的快乐"和"改革、冒险的快乐"。[①]

三 文化的基因

按照一般的解释，所谓基因，也即遗传因子，是指具有遗传效应的 DNA 片段，它支持着生命的基本构造和性能，储存着生命的种族、血型、孕育、生长、凋亡等过程的全部信息。

在比拟的意义上，城市如同人一样，是一个有机生命体，它同样有着自身的基因。

城市的某些基因形态的东西在城市诞生之初就开始出现了。假如说聚居代表了人的某种天性，那么人类从小规模的乡村聚居（熟人社会）到较大规模的城市聚集（陌生人社会），就是这种人与生俱来的社会性的进一步放大。也正是在此基础之上，分工、协作的社会性就构成了城市的基因之一，因为没有人的合作和利他取向就无法形成大规模的陌生人社会的内在秩序，城市无秩序则会走向混乱，乃至自行崩溃。也就是说，这种社会性支持着城市的基本构造和性能，伴随着城市孕育、生长、

---

① 〔美〕熊彼特等：《经济发展理论》，何畏等译，商务印书馆，1990，第 103 ~ 104 页。

凋亡的全过程。

　　当然，与人等生命体的基因从一开始就形成并维持不变（除非发生基因突变）不同，城市基因是在多重力量的历史作用下"人为"合成的，体现为某种城市性格或城市精神。同样以科特金城市发展模型的三要素为例，宗教中心城市之所以会形成"神圣"的文化基因和精神形象，虽然具有一定的偶然性，但它在长期历史的作用之下却成为"历史的必然"。

　　然而，当我们强调历史在城市文化基因形成中巨大而深刻的形塑作用时，也应"历史化"地看到，一座城市的基因或性格往往不是单一的，而是会因城市社会的历史变迁而发生新的变动。在这点上，即便是耶路撒冷这样典型的宗教之城，也会因其地位的重要，而同时成为地区的政治、经济和文化中心，比如 1980 年以色列立法认定耶路撒冷是该国"永远的和不可分割的首都"，1988 年巴勒斯坦自治政府宣布耶路撒冷是巴勒斯坦国的首都，就是如此。

　　与此相关的例子自然有很多，比如伊斯坦布尔。众所周知，伊斯坦布尔扼黑海之咽喉，居欧亚交通之要冲，战略地位极为重要，可谓"神圣"。其建城史可追溯到公元前 658 年，称拜占庭。330 年，罗马帝国的君士坦丁大帝迁都至此，初称新罗马，随后改称君士坦丁堡，成为欧洲新兴基督教势力抵御东方（宗教）力量的桥头堡，为此城中大兴土木，它所提供的"安全和规划的能力"，为君士坦丁堡此后的长期繁荣奠定了基础。395年，罗马帝国分裂，君士坦丁堡成为东罗马帝国首都，12 世纪成为欧洲规模最大、最为繁华的城市。奥斯曼土耳其 13 世纪崛起后，于 1453 年攻陷君士坦丁堡，东罗马帝国灭亡，该城同年成为奥斯曼帝国首都，改名伊斯坦布尔，并随奥斯曼帝国的强大而走向繁盛。19 世纪奥斯曼帝国盛极而衰，在"一战"后被肢解，伊斯坦布尔也因此走向衰落。尽管如此，作为两大帝国的首都，伊斯坦布尔的辉煌历史无疑是极其璀璨夺目的，它的帝国建筑如圣索菲亚大教堂、君士坦丁堡大皇宫、竞技场和黄金城门、大道与广场在其间星罗棋布，加上为数众多的艺术品，无不见证着这座伟大城市的帝国（权力）文化基因。时至今日，即便相比于帝国时期，伊斯坦布尔已失却其往昔显赫地位，但随处可见的帝国废墟和历史遗迹，正如伊斯坦布尔的土耳其语义是"城就在那里"一样，清晰地标记着这是一座由历史文化记忆堆砌起来的城市，它不仅构成了这座城市的内在灵魂，而且其历史败落及其"呼愁"所暗含的帝国斜阳下的阴影，恰恰映照出它曾经光芒四射的无上荣光。①

进入近代以来，随着人类科学技术的迅速发展，特别是交通运输条件的改善和海洋经济的兴盛，全球性资源获得了新的流动，一些原先处于传统军事、政治、经济中心的边缘地带的区域获得了新的发展契机，如意大利的威尼斯、佛罗伦萨等地中海沿岸城市因之兴起，并在经济活力方面迅速超越罗马，成为新的经济文化中心。在一般人心目中，佛罗伦萨作为文艺复兴的摇篮，往往被看作欧洲的艺术之都，却不知它在文艺复兴时期的繁荣，是以毛织业、银行业和国际贸易业等当时欧洲最发达的工商业为坚实的经济基础的，特别是它的企业家、银行家和商人群体及其所拥有的近代创新精神，使佛罗伦萨在中世纪的欧洲脱颖而出，引领了近世城市文明的发展。在 13 世纪后

---

① 〔土〕奥尔罕·帕慕克：《伊斯坦布尔：一座城市的记忆》，何佩桦译，上海人民出版社，2007。

半期，佛罗伦萨的钱庄和银行遍设西欧各大城市，其政府铸造的佛罗林金币成为西欧和近东地区的国际货币，不仅被罗马教廷用于西欧各地征收税款、贡赋等，也被用于投资佛罗伦萨的工商业，或向各地封建领主放高利贷，金融领域的创新使佛罗伦萨一度成为欧洲当时最大的金融中心。但由于地缘政治等内外因素的影响，佛罗伦萨后来衰落了，随后驱动、引领世界现代文明发展的，是大西洋沿岸的英国，特别是伦敦、爱丁堡等城市。

英国学者麦克法兰在《现代世界的诞生》一书中指出，现代工业革命首先爆发在英格兰虽具有特殊性，但绝不是偶然的，它是一系列因素的综合性结果，并预示了"现代世界的诞生"，而伦敦也因英国的近代崛起而成为全球的"首都"。在伦敦独领风骚的同时，随着新航路的形成和新大陆的发现，北美城市开始以新的全球移民形式出现并显现出高度的活力，冒险、进取、拼搏的商业精神成为新兴城市的文化基因。当欧洲人还在嘲笑纽约是文化沙漠的时候，美国正在建设世界的山巅之城，以纽约为代表的新兴城市崛起，并在"一战"后取代伦敦的地位，成为新的全球经济和文化首都。纽约城市地位的取得当然与美国超强的国家实力有着直接关联，但它们作为城市主体本身的内在创新，才是其长期傲视全球的秘密：多元包容开拓的移民城市性格、自由民主法治的社会政治制度以及现代工商业拓展中的企业家精神，无不是相对于其他大陆的伟大创新，并因此迸发出极其惊人的发展动能，吸引着来自世界各地的优秀人才，最终造就了纽约的辉煌，一直到今时今日。

当然，一座城市的文化基因或性格会因城市的社会历史变迁而发生变动，而这一变动出现的契机，又往往基于城市某些

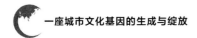

新的文化事件的发生。比如20世纪90年代以来，伴随后工业时代的来临，伦敦这样的工业城市有所衰落，为促进经济振兴和就业发展，伦敦等城市纷纷发布新的城市文化战略，将创意产业当作城市经济和文化艺术产业发展的核心之一，使伦敦成为国际金融中心之后的全球创意中心。再如威尼斯，在历史上曾是辉煌一时的工商业、金融业中心，因种种历史原因走向了衰落，但因1932年设立威尼斯国际电影节（是世界上历史最悠久的电影节，即世界上第一个国际电影节，被誉为"国际电影节之父"）等文化事件而成功转变为一个国际著名的文化旅游城市。作为我国改革开放的"窗口"，深圳是一个工商业发达、市场化程度很高的城市，"经济"从一开始就构成了深圳的城市基因，来自世界各地的人们都聚集到这里来实现发财致富的梦想，功利主义、实践理性等一度影响着这座城市的发展目标，影响着人们幸福观念的形成。这一方面促进了深圳的快速发展，另一方面也导致了城市精神结构上的缺陷，所谓的"文化沙漠"论一时甚嚣尘上，原因就在于此。因此，这需要文化与知识的力量来加以平衡，形塑新的城市基因，并最终落实为价值理性和人文精神的建构，以锻造智慧型、力量型、包容型、创新型城市文化为深圳文化发展的基本定位和明确导向，以追求知识和理性为旨归，保持生生不息的进取精神。在此意义上，2000年"深圳读书月"的创办以及后来成为联合国教科文组织认定的"全球全民阅读典范城市"和"设计之都"，这一系列新的文化事件的出现，一方面说明深圳致力于实现从一个经济特区向兼具经济、科技和文化创意的城市转型；另一方面也恰恰说明了深圳新的文化基因的生成和发展，它与早期极具影响力的"深圳观念"等一起，为深圳未来的更快更好发展注入新的驱动力。

四　小结

城市文化基因可以从宏观上呈现出一个城市的文化特质，是让人印象深刻并能够代表该城市文化特征的意象符号和区分城市之间不同灵魂的名片，也是城市发展的软实力和具有传承价值的非物质文化遗产。物质文化基因主要体现在建筑文化和风景园林文化上，精神文化基因主要体现在历史文化、地域特色文化、民俗文化等方面。

城市文化基因或性格会因城市的社会历史变迁而发生变动，这一变动的契机又往往基于城市某些新的文化事件的发生。经济的快速发展使很多城市的文化定位、文化内涵、城市精神、人文气韵逐渐模糊，城市面临缺乏个性、"千城一面"的危机，这正是城市文化基因丢失的重要表现。因此，对城市文化基因的活态保护与传承已成为当务之急。

城市多元文化基因或可分为主体基因、附着基因、混合基因、变异基因。主体基因作为城市文化的母体，主导着整座城市的文化属性与品质；附着基因与主体基因同样具有识别城市文化的功能，并对主体基因具有加强的作用；混合基因不为某座城市文化所独有，属于一般性基因类型，但起到丰富城市文化、增加城市文化多样性的作用；变异基因又有良性与恶性之分，主要体现在部分新兴建筑及文化创意产业园区等方面。

城市文化基因的发掘、保护、培育与活化传承的关键是将文化基因资本化，其内涵挖掘、活化提炼是城市文化基因传承的前提，资本开发运用则是其核心。主体基因在文化基因中发挥着主导作用，必须着力发掘，让其尽量产生文化资本的杠杆效应，激发城市发展的新活力，促进城市文化全面复兴和发展。附着基因的保护、培育及其价值化传承路径应反馈到城市设计、创意与文创领域，使其文化更具有城市特色和文化归属感，并能以文化为载体实现文创商品化、产业化，将文化基因符号化，在流传中强化为文化印记。混合基因价值化传承路径多为文化节庆与旅游耦合发展而成，既要保留、完善其物质载体，又要加强混合基因的精神融合，使混合基因与现代城市文化完美镶嵌，关键路径在于突出文化节庆旅游新业态，在展示与体验中促进传承。变异基因价值化传承路径具有多属性优质载体与多功能展示带动的两面性，应该采取"优胜劣汰"的模式，继续维持良性变异的基因，彻底剔除恶性变异基因。

随着中国经济的迅速发展，国内城市正在迎来文化的复兴与更新，在这样的历史机遇期，只有在建设中坚持突出文化地位，深入发掘文化底蕴、活化继承"文化基因"，才能把握住城市文化的共性、特色城市的个性，将碎片性文明、衰落性文化转化为文化复兴、文明创造的动力和活力。对于文化基因特色鲜明的城市而言，最好的保护方式就是将其文化基因进行价值化传承，使其焕发出全新的活力，而年轻城市深圳则应充分利用移民文化的优势，在原本的"一张白纸"上绘出最好、最美的画卷。

第二章

文化积淀

"积淀"是著名哲学家、美学家李泽厚在 20 世纪 70 年代末所创设的一个词和概念，是他针对美的本质所提出的一个重要的美学观点——"要研究理性的东西怎样表现在感性中，社会的东西怎样表现在个体中，历史的东西怎样表现在心理中，后来了我造了'积淀'这个词。'积淀'的意思，就是把社会的、理性的、历史的东西累积沉淀为一种个体的、感性的、直观的东西，它是通过自然的人化的过程来实现的。"① 积淀有广义和狭义之分，前者指所有由理性化为感性、由社会化为个体、由历史化为心理的建构过程，后者则指审美的心理情感的构造。然而，就词语一般的社会运用而言，我们在日常生活中所经常使用的"积淀"，并不拘泥于创设者设定的特定的学术含义，换言之，"积淀"往往被人们拉回到它的字面意思：累积沉淀，也指积累沉淀下来的事物，如我们常吃的淀粉、河中的淤泥等。我们今天所讨论的"文化积淀"，亦即文化的累积沉淀之意。

① 李泽厚：《李泽厚哲学美学文选》，湖南人民出版社，1985，第 385～386 页。

一　积淀与传统：文化积淀的重要意义

两千多年前，当西塞罗称"哲学是灵性的培育"时，"文化"还保留了与"耕耘"相关的一重原初含义，"文化"依然具有希腊时代活泼的动感和生机，因为理解"文化"的传统尚未形成。中世纪和文艺复兴时代仍然没有独立或明晰的"文化"概念，当时的文化与主宰文艺、美术、音乐的希腊女神缪斯密切相关。

17世纪到18世纪，"文化"的含义演进为"心灵、艺术、文明的教化"，扩大成对人类的教化。18世纪的启蒙思想家和哲学家在探讨文化时，主要思考的是文化与自然、文明与野蛮的关系问题，并没有涉及某种具体的"文化"。但对"文化"的概念化理解也开始出现。德国法学家S.普芬多夫第一个把"文化"作为独立概念使用，认为"文化"是社会人的活动所创造的东西和依赖于人和社会生活而存在的东西之总和。文化作为培育某种东西的用法，在这一定义中显然发生了根本性的变化，"文化"本身变成了一种东西。

这一将"文化"对象化的过程在19世纪达到高峰，并持续影响至今。1871年，英国学者爱德华·B.泰勒第一次把"文化"术语引入人类学。他在《原始文化》一书中认为：文化或文明，就其广泛的民族学意义来说，是包括知识、信仰、艺术、道德、法律、习俗以及作为社会成员的人所掌握和接受的任何其他的才能和习惯的复合体。①

---

① 〔英〕爱德华·泰勒：《原始文化》，连树声译，广西师范大学出版社，2005，第1页。

泰勒的文化的人类学定义开创了一个新的时代，形成了一种理解文化的根深蒂固的传统，其后的所谓文化的社会学概念、生态学概念和生物学概念都脱离不了泰勒的范式。2010 年联合国教科文组织世界报告《着力文化多样性与文化间对话》将文化理解为："一个社会或社会群体所特有的精神、物质、理智和情感特征，不但包括艺术和文字，而且包括生活方式、人的基本权利、价值体系、传统和信仰的整个复杂综合体。"[1]

其中，泰勒文化定义的影子仍然清晰可见。

斯宾格勒的文化形态理论代表着这种传统在 20 世纪的延续和强化。他在《西方的没落》中区分出埃及文化、巴比伦文化、印度文化、中国文化、古典文化、阿拉伯文化、西方文化和墨西哥文化等八大文化形态，在他看来，文化作为一个有机体，是独立自足的存在，是在各自独特的环境或景观中形成和生长起来的，并将按照自身独特的节奏走向成熟和完成；每一文化都有自身的命运，不同文化之间即便是因为诸如战争、征服、伟大人物的交流等而发生影响，各文化本有的精神也不会因此而改变。

本尼迪克特在《文化模式》中对斯宾格勒赞誉有加，但注意到"在当今时代，企图以任何一种选择的特性来解释西方世界都会引起混乱"[2]，并进而提出，人类的行为方式有多种多样的可能，而且这种可能是无穷的，不同的文化模式就是在这无穷的可能中选择的结果。选择造成文化的差异，各种模式都有

---

[1] 联合国教科文组织世界报告：《着力文化多样性与文化间对话》，巴黎联合国教育、科学及文化组织，2010，第 1 页。

[2] 〔美〕露丝·本尼迪克特：《文化模式》，王炜等译，三联书店，1988，第57 页。

其存在的理由。本尼迪克特的文化相对主义跃然纸上，但也强调文化的整合在文化模式形成中的作用，并多少注意到不同文化之间交流、融合和互相理解。

与斯宾格勒一样持文化形态史观的汤因比，将文化视为文明的核心。在《历史研究》中，他将人类社会六千年文明史分为 21 个文明单位，认为从哲学意义上说，撒落在世界各地的文明之花同时盛开，文明社会的这些单位是同时代的，而且各个文明是等价的。每一个文明都可分为起源、生长、衰落、解体四个阶段，文明的兴衰是"挑战和应战"交互作用的结果。

与斯宾格勒强调每种文化的个性，把每一种文化都当作自我围闭的孤立灵魂，文化之间的联系只是表面现象，实则互不渗透的观点不同，汤因比承认文明之间有某种共同的东西，因为人性有着共同的结构和特征。在他看来，尽管各种文明存在着内在文化上的差异，但是多数文明之间有着不同程度的关联。也就是说，各个文明并不是孤立存在的，它们是相互接触的，而文明的相互接触包括同时代文明在空间中的接触和不同时代文明在时间中的接触。

受柏格森、叔本华等人影响的梁漱溟，反对受达尔文进化论影响的文化"独系演进论"，写出《东西文化及其哲学》。梁漱溟认为，文化"不过是那一民族生活的样法罢了"，各个文化系统之间不存在共同的模式，而是各走各的路，互不相干。西方文化、中国文化和印度文化三种文化各走一路，其间无短长优劣可论。他主张中国文化的出路只有东方化，而东方化要排除印度的态度，对西方文化全盘承受但要根本改过，并"批评地把中国原来的态度重新拿出来"。也就是说，科学、民主加儒家的人生态度，就是中国文化的出路。作为理解文化的传统中

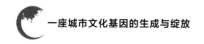

的一种中国声音，梁漱溟没有走出"中体西用"的窠臼。

从 19 世纪到 20 世纪上半叶，在文化人类学之外，不同的文化学派层出不穷。尽管不乏对不同文化之间相互影响的观察，但对文化的理解所形成的传统，最实质之处在于一个共同的看法：文化是一个特定群体的意义、价值与生活方式，文化因而是一个独立存在的实体。

这是一种本质主义的文化观，文化被认为在本质上是固定不变的，文化的发展、传播和交流是单向的，其内容通过教育或各种各样的启蒙做法等渠道在世代之间传承。

更重要的是，这种传统导致了对文化的"自我"与"他者"、"现代"与"传统"、"中心"与"边缘"的隐性解释框架的形成。在西方，主要表现为对与源自欧洲的文化迥然有异的、处于一种停滞不变的传统之中的、居于现代性之外的，"部落的"、"乡土的"或"传统的"生活方式与信仰系统的注视。或者说，这种传统强调的是西方与非西方或第三世界之间的文化差异，这种差异如同一道鸿沟，表现在生活方式、信仰系统和时间的面向等各个方面。

在对文化的理解的坚硬传统中，文化还被理解为社会生活的衍生物，文化附属于社会和经济等其他过程，或者是对社会和经济过程的反映，甚至是由经济决定的。文化一旦形成，便自成一体，外在于社会生活。也即是说，在社会的生产和再生产过程中，文化是被动的，不是一个积极的成分，不具有生产性或塑造性。理解文化的这种传统，导致对"确定不移"的文化的执着，使文化与经济、社会之间的生动关系也被生生割裂了。

值得关注的是，这一传统的复杂性还在于，在 19 世纪晚期到 20 世纪的最广泛用法中，"文化"一词指涉的是艺术，包括文学、音乐、绘画、雕塑、戏剧、电影等。对文化的这种理解形成了"自我"与"他者"、"现代"与"传统"、"中心"与"边缘"之外的另一重评价方式，即"精英"与"大众"的分野。文化被认为存在于精选的经典作品之中，商业或通俗的艺术形式则在"低俗"或"大众"之列，不具有真正的艺术地位，也就是不具有真正的文化地位。"精英"与"大众"之间的分明界限，给文化的流动平添了一重障碍。

理解文化的传统主要是西方的，但同样作用于中国。在中国，对文化的对象化理解交织着一种更加复杂的文化心理，演化出一套有所变异的解释系统。

一方面，"传统"似乎取代了"现代"，成为"自我"的化身，成为"中心"的所在，成为"精英"的代表。另一方面，"传统"又被简单理解为文化的积淀，以此为认识基础所建构的"自我"与"他者"、"现代"与"传统"、"中心"与"边缘"的格局一旦形成，就永远无法改变，其间还交织着"精英"与"大众"的对决。

也就是说，一些文化积淀深厚的城市或地区会理所当然地认为，并义正词严地对后来者们指出：我们是有深厚的文化积淀的，我们才是文化的中心，你们那些没有文化积淀的地方是文化的边缘，你们那些后来者可能在经济上很风光，但文化上不行，文化是需要积累的。我们才是"精英文化"的化身，你们充其量只有点"大众文化"。

这种认识和态度不能说没有根据和理由，因为文化积淀在人类文明的进步中具有特殊的作用。

首先我们来看文化积淀的一种重要形式，即文化遗产。毫无疑问，文化遗产是任何一个民族和国家都应该珍视的无价财富，文化遗产见证着一座城市的生命历程，维系着城市独特的文化价值和文化情感。它可以增强一个城市市民的自豪感，并且从更深远意义上来讲，它能够保证一个民族文化的传统薪火相传。一个城市也好，一个地区也好，一个国家也好，一个民族也好，必须有文化遗产，也只有那样才能具有文化的尊严。

查尔斯·兰德利在谈到文化遗产与传统的力量时，曾讲过这样一段话："在瞬息万变中，我们何以会在昔日的建筑、艺术品、技艺、价值观与社会习俗里，寻得慰藉与启发。那是不是因为我们在全球化的世界中，要寻求稳定与乡土的根？文化遗产使我们与历史及共同的记忆相连，它让我们的存在感有所依归，并能提供洞见来源，以帮助我们面对未来。"①

作为创意城市理论之父，查尔斯·兰德利在谈创意时，高度重视文化遗产的作用，这说明文化积淀即便是在创意时代也具有不可替代的作用。

从另一个角度看，文化遗产虽然并不一定能简单地兑换成等价的经济利益，但蕴藏着巨大的宝藏。其经济收益也许是非常微薄的，但是其文化效益十分明显。英国的博物馆藏品有600万件，一年的观众是六七百万，他们采取自愿投币制度，你愿意投币多少就投多少，他们不在乎门票收入，光从这一点就看出他们有长远的眼光。博物馆成为城市的标志和骄傲，大大地提升了城市的知名度，并以此带动了整座城市的经济发展。甚至，如卢浮宫博物馆，已经成为一个彰显亲民政府的公共空间，

---

① 〔英〕查尔斯·兰德利：《创意城市：如何打造都市创意生活圈》，杨幼兰译，清华大学出版社，2009，第51页。

原本代表着奢华与贵族地位的物品已经变身成为法兰西共和国的国家精神的载体。

实际上，一个城市或一个国家的文化积淀，不仅仅表现在其文化遗产之中，还存在于文化作为一个复杂整体所形成的传统之中。其意义也不仅仅在于其巨大的文化效益之中，还在于其对民族、国家或城市的身份认同的建构之中，在于其对城市或国家的丰富时间和空间结构的建构之中。

比如中国，深厚的文化积淀使中华文明的智慧始终处于相当的高度。可以说，这是因为中华文明在源头上形成了比较健全的体系，具有对社会、对人的本性深刻认识的深厚积累以及长时间的文明传承。

又比如欧洲特别是西欧诸国之所以能长期引领人类文明的发展，"欧洲中心论"之所以会出现并能够长期存在，也是因为他们拥有其他国家或地区所没有的文化积淀，对文化积淀的崇拜也因此有着广阔的市场。从一般意义上来说，对文化积淀的崇拜之所以可以大行其道，其中一个深层次原因在于，文化与民族国家、宗教信仰和民族本质相关，具体如传统、宗教仪式、表达方式、信仰等，这些要素和成分使文化具有鲜明的"在地性"、"本土性"或"地域性"。文化被认为具有无上血脉，并深深扎根在其所生存的特殊的土地之中。

另一个深层原因在于，文化中始终有一种丹尼尔·贝尔所说的"回跃"。按照他在《资本主义文化矛盾》一书中的逻辑，"技术—经济"体系的变革是直线型的，由于功利和利益原则，以"发明、淘汰和更新"为特点的"进步"是其中的含义。但是，文化具有不同的特点："文化会不断转回到人类生存痛苦的老问题上去……波莱兹代替不了巴赫。新的音乐、绘画或诗章只能成为人类扩展的文化库存的一部分，丰富这一永久的储藏，以便其他人能够从中汲取养分，用新的风格重塑自己的艺术经验。"①

丹尼尔·贝尔看到的是传统在保障文化的生命力方面的作用，但也从一个角度解释了，为什么文化相对于经济和政治的变化，相对于技术、社会的进步来说，总是相对保守。

在谈城市文化时，刘易斯·芒福德有过一段精彩的议论："古往今来多少座城市又无一不是时间的产儿……设想，若离开了城市的丰富时间结构特性，城市自身能够在很大程度上逃脱那种'唯有现在'的悲剧局面吗？如若没有城市在时间上的丰富性，城市就只能面临一种单调的未来，就只能听到历史上听过多次的单调节奏在未来的乏味重复。"②

刘易斯·芒福德在这里讲的"时间"，在相当意义上就指的是文化的积淀。他的这段话可以说是既生动又深刻。

概而言之，文化积淀是文化成果经过社会生活过程而积累、进步，形成更加适合人类需要的生活方式。文化符号、文化传统通过人们世世代代的传播而继承下来，没有这种历史和地域的承继，任何文化都将终止和消亡。历史性承继的文化积淀形成了许多不同的文化圈，积淀越深厚，文化圈越古老、越稳定。而一种文化亦不能完全抛弃内部传播的文化积淀而纯粹依靠外来文化，完全抛弃自我文化积淀等于扼杀文化的母体，没有母体的文化是无法与其他文化圈进行交往和互补的。中国传统文

---

① 〔美〕丹尼尔·贝尔：《资本主义文化矛盾》，赵一凡、蒲隆、任晓晋译，三联书店，1989，第59页。
② 〔美〕刘易斯·芒福德：《城市文化》，宋俊岭、李翔宁、周鸣浩译，中国建筑工业出版社，2009，第2页。

化对中国封建社会的长期延续具有重要作用，就是因为儒家文化符合封建社会的要求，同时家庭、村落等中国的基层社会组织以及大一统的政体，也为儒家文化的传承创造了条件，从而使中国的传统文化世代相传、绵延不断，构成当代中国认同的基本来源之一。

不过，有几点值得我们追问。第一，城市在时间上的丰富性如何实现？是不是只能依赖时间的单维、单向和匀速的移动？第二，时间既是一种建构的力量，同时也是一种解构的力量。文化积淀的作用是否也具有这种二重性？第三，在当今时空日益压缩、文化高度流动的新时代，文化积淀真的那么重要吗？

二　缺陷与危害：文化积淀论批判

基于文化积淀如此重要，一些人进而坚持认为，文化是长期积淀的结果，积淀得越深厚，文化就越有重量，或者是对社会发展越有推动的力量。

这是一种文化积淀论，其基本主张是：积淀在文化生成和文化发展中具有至关重要的地位和作用；一个没有文化积淀的城市，文化上不可能有大的作为；文化积淀是一个缓慢的过程，需要依靠时间的力量；经济可以快速增长，文化只能慢慢积累。

文化积淀论的第一大谬误在于，它没有认识到文化积淀也能够窒息一切生动、活泼的文化行为和经济行为，变成沉重的历史负担；文化的革命和新生恰恰来自文化积淀的沉重包袱的解脱。

古代中国社会发展迟缓的历史，充分地说明了这一点。深厚的文化积淀导致的是：一方面，当历史需要变革时，变革很难到来；另一方面，即使有变革，也往往会夭折。中国历史上有多次变法，在重大历史转折时也有过很多文化论争甚至论战，文化生产力也曾达到很高的水平，但都没有演变出新的社会结构，没有出现文化方面质的飞跃。虽然社会在缓慢地进步，但文化上的创新基本上没有。如果有的话，也只是形式上的，如宋词、元曲，都是从不同角度对过去的再叙述。

我们会发现，今天中国相当广大的农村的生产方式和晚清时期并没有本质上的差别，甚至可以在汉唐时期找到它们的影子。这正是因为文化的积淀和文化的不流动。在中国人的思维定式里面，一切都要在过去历史和祖宗的牌座上寻找根据，这就是我们步履沉重和历史上的改革屡屡失败的基本原因。

在欧洲，文艺复兴的成功则从另一个角度揭示出解放思想、破除文化积淀的沉疴对于文化新生的意义。

大约 1435 年，马蒂奥·帕尔米里在《论平民·生活》中写道："让我们每一个有思想的人对上帝挑选我们生活在这个充满希望和前途的时代里而感恩戴德。这个时代造就了过去几千年不可比拟的、为数众多的品德高尚、才智超群的人杰精英，并为此而欢欣鼓舞。"①

作为人类知识和文化史上流光溢彩的一个时代，文艺复兴取得如此辉煌的成就，与中世纪千年文化积淀是没有派生关系的。从形式上来说，文艺复兴是对希腊古典文艺的重新发现和传播，是对古典知识的新利用，这本身就是对黑暗中世纪文化

---

① 〔意〕马蒂奥·帕尔米里：《论平民·生活》，转引自〔美〕罗伯特·E. 勒纳、斯坦迪什·米查姆、爱德华·麦克纳尔·伯恩斯《西方文明史》 I，王觉非等译，中国青年出版社，2009，第 405 页。

积淀的全面否定。从本质上来看，文艺复兴之所以能够发生，关键在于：一方面它创造了一种不断发展的非教会文化，通过文化的世俗化和世俗化的文化传播超越了中世纪；另一方面，确立了人文主义的文化理想，既颠覆了经院哲学的统治，更强调了人具有掌握自己命运和在尘世间幸福生活的能力。这两重意义上的文化革命，都是对中世纪文化积淀的批判和否定。

有人可能会提出疑问，文艺复兴难道不是古希腊文化积淀的产物吗？在这方面，我们对文艺复兴需要有更加准确的理解。文艺复兴所创造出来的文化，实际上跟古希腊、罗马文化是有质的区别的，它绝不是一种简单的复制，而是从根本上催生了大量新的观念和新的意识，生长出来的是一种全新的文化，比如从神权到人权的观念转变，自由、平等、博爱等人类普遍价值的诞生，在古希腊、罗马的时候只能说有它的种子，并没有形成完整的形态或者体系。

文化积淀论显然与这种文艺复兴精神格格不入。

文艺复兴历经二百多年的辉煌岁月之后，在 1550 年前后开始衰落，首要原因是 1494 年法国入侵以及随之而来的持续不断的战争，意大利从繁荣走向衰落，文艺复兴时期文化的主要经济支柱崩塌；另一个原因是反宗教改革，16 世纪罗马教会变本加厉地寻求对思想和艺术实行有力的控制，凡是对教会有威胁的任何事物都不被容忍，文艺复兴时期文化的自由精神荡然无存。①

① 参见〔美〕罗伯特·E. 勒纳、斯坦迪什·米查姆、爱德华·麦克纳尔·伯恩斯《西方文明史》Ⅰ，王觉非等译，中国青年出版社，2009，第 423～426 页。

文艺复兴衰落的原因从反面说明，文化积淀如果离开了文化的流动，其力量是微不足道的。战争以及失去经济支柱，教会对思想和艺术的严控，两大原因归结到一点，就是文化的流动被阻断，二百多年文化积淀所形成的功力全废，文艺复兴精神只能依靠文化的流动在欧洲其他地区获得新生。

文化积淀论的第二大谬误在于，它不懂得文化是活的，文化处在不断变化过程之中，文化的发展和进步就是要不断挑战传统的界限，而不是坚守传统和膜拜积淀。

在讨论文化与传统的关系时，法国学者尚－皮耶·瓦尼耶在《文化全球化》一书中指出："千万不要因此认为传统文化是等同于既定整体习惯的再生产。吸纳在历史洪流当中的语言及文化无时无刻不在改变。"[①]

一味强调文化积淀，必然将文化作为遗产来继承和供奉，必然形成对传统的依赖，对文化作为人类创造和自由的空间的压制，对文化的未来向度和创造力的遮蔽和漠视。

查尔斯·兰德利在谈到文化遗产时说过一段话："文化遗产是以往创造力的总和，而维持社会运作，并促使它向前迈进，正是发挥创造力的成果。语言、法律、理论、价值观、知识等，文化的各层面在传递给下一代时，都需要重新加以评估……从历史的角度看，使城市命脉得以存续的，正是能挑战传统界限的创意。"[②]

这提示我们，城市的命脉不在于遗产式的文化积淀，而在

---

① 〔法〕尚－皮耶·瓦尼耶：《文化全球化》，吴锡德译，台北：麦田出版社，2003，第 31 页。

② 〔英〕查尔斯·兰德利：《创意城市：如何打造都市创意生活圈》，杨幼兰译，清华大学出版社，2009，第 51 页。

于代表着创意和创造力的文化流动。

我们可以看到这样的现象，一些曾经历史悠久、文化积淀很深厚的地方，到了今天却成了文化发展相对落后的地区。这不是因为它没有文化积淀，而是文化积淀得"太深"了，深到任何破坏性的格局都绝对不允许存在。所谓的"文化"已经变成"固化"，成为一种定式，乃至于在社会交流、人际关系、思想理念等方面，成为一种沉重的包袱。

文化积淀论的第三大谬误在于，它过分倚重文化存量，漠视文化流动带来的增量。

实际上，一个地方的文化发展不仅决定于存量，更重要的是决定于增量，甚至存量在增量面前不那么重要。存量很多，没有增量，这个地方就没有什么活力，有时甚至有阻碍文化发展的作用。

比如，我们从正面理解西安，西安的文化存量非常大，但促进今天西安发展的绝不仅仅是文化存量，而是文化的增量，包括今天西安可能又成为西北地区的中心，但绝不是文化存量使然，而是流动性带来的文化增量。西安仍然是西部文化流动最活跃的地方，否则西安现在的地位也不会高。

文化积淀论的第四大谬误在于，它看不到文化的产生和进步并非线性的，而是具有多彩的形式和丰富的可能。

文化积淀的部分合理性，基本上建立在前工业社会基础之上。地理空间的阻隔，文化交流的稀疏，文化变迁的悠长，使一种新文化或者区域文化中心的形成可能需要一个漫长的积累过程。但即便是在前工业社会的漫长人类文明史中，文化积淀论的解释效率也相当有限。因为一种文化或一种文明可以以一种突变的形式出现或消亡，相对于其流动来说，文化的积淀有

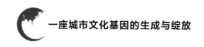
时候可能微不足道。

刘易斯·芒福德在《城市文化》中指出："城市的生命过程根本上和大部分的高级生物体的生命过程是不同的。城市可以显现出断裂生长、局部死亡和自我更新的现象。城市和城市的文化可能从遥远的酝酿中突然开始。它们也可以作为物质组织而延展，甚至跨越不止一个文明的生命周期。"①

文化产生和成长与城市的生命过程相似，一个城市的文化兴盛，有时候并不需要文化积淀作为根据和理由。

现代人类的进化在 2.5 万至 4 万年前已经基本完成，公元前 8000 年前后人类已经扩展到地球上所有可以居住的地区，各地的人类基本上处于同一条起跑线上。但是如德国历史学家和考古学家沃纳·凯勒所言，在有文字记载的历史的最初阶段，从巴勒斯坦西海岸到埃及尼罗河谷底，再到两河流域的所谓"新月沃地"，距离这些地区越远，夜色越浓，文明和文化衰减的程度越深，"似乎就像另外一个大陆的人们如孩子般在等待唤醒"。

"新月沃地"在人类文明的进程中为什么能够一马当先，带领人类从黑暗走向光明，这不是文化积淀所能解释的历史。

希腊文明的勃兴促使人类的思想达到了一个前所未有的革命性高度，根本无法用此前的文化积累来解释和支撑。此前，迈锡尼文明的衰亡导致希腊世界的巨变，宣告长达 350 年的"黑暗时代"的开始，其间文字记载中断，文化倒退到更简单的形式。乔尔·科特金的研究也佐证了这点，他在《全球城市史》

---

① 〔美〕刘易斯·芒福德：《城市文化》，宋俊岭、李翔宁、周鸣浩译，中国建筑工业出版社，2009，第 332～333 页。

中写希腊的成就时，开篇的语句是："在城市发展的初期，欧洲如一潭死水，野蛮纷争的原始居民生活其间。"①

当时希腊的文化积淀无从谈起，却不影响一个伟大文明的新生。

针对城市的生命过程，刘易斯·芒福德还特别指出："城市可以通过从其他地区或者文明的健康的社会中移植组织以获得新生……看看罗马纪念物和希腊文学为中世纪耗尽的能量提供了多少补给。唯一必需的是那个接受新组织的机体必须处于一种准备就绪的状态。"②

也就是说，在文化流动的语境中，一个城市文化发展的基因、动力、资源，完全可以从外部植入，只要这个城市始终有一种文化准备，包括对文化流动的开放心态，充分的文化自觉和文化自信等。

在工业社会和后工业社会，文化上后发的城市或地区完全可以依托日益流动的资本、人流和文化资讯、文化产品，在较短时间内实现文化发展上的超越。

文化积淀论的第五大谬误在于，其所建构的文化积淀与文化成就、文化存续之间的正相关并不存在。

客观的情况并不一定如文化积淀论所认定的那样，有时候还恰恰相反。从历史来看，当年所谓几大文明发祥的地方，现在基本被边缘化。不但被边缘化了，而且其文化积淀往往成为自身发展最后破败的重要原因。无论是埃及文明、印度文明，

---

① 〔美〕乔尔·科特金：《全球城市史》，王旭等译，社会科学文献出版社，2010，第27页。

② 〔美〕刘易斯·芒福德：《城市文化》，宋俊岭、李翔宁、周鸣浩译，中国建筑工业出版社，2009，第333页。

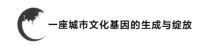
还是希腊文明都一样。反而，文化在一些没有积淀的边缘地区兴起，这成为一种常见的历史现象。

希腊历史学家希罗多德早在公元前 5 世纪就注意到："先前强大的城邦，现在它们有许多都已变得默默无闻了；而在我的时代雄强的城邦，在往昔却又是弱小的。"[①]

希罗多德谈论的是城市，而隐藏其中的是文化。

值得一提的是，作为希腊化时期非洲、近东和地中海地区的贸易中心，亚历山大里亚成为世界上第一个国际化城市，是希腊文化的超级熔炉，埃及文化、犹太文化、波斯文化、巴比伦文化以及其他文化和希腊文化在这里交融积淀，但在亚历山大死后一个世纪，这个伟大的国际化尝试就开始走向失败。这从反面说明，丰厚的文化积淀维持不了一个城市的文化永续。

文化积淀论的第六大谬误在于，它无法解释为什么那么多文化积淀相对落后的城市或地区能够后来居上。

论积淀，巴黎曾经的局面是，跟国外比不如文艺复兴城市威尼斯、佛罗伦萨，在国内很多方面不如里昂，却在 17 世纪成为欧洲大陆主要的文化和艺术之都。

1666 年伦敦大火，短短 60 年之后伦敦就从灰烬中崛起，成为欧洲最大城市，并进而成为世界资本主义之都。而此前的伦敦，在学术成就和商业活力等多个方面的积淀都是逊色于阿姆斯特丹的。

最典型的例子莫过于纽约。18 世纪英国管制下的纽约用今天一些人的话来说，基本上是所谓的"文化沙漠"，教育不受重视，一切向钱看，文化人才缺乏，普通市民对文化生活不感兴

① 〔古希腊〕希罗多德：《历史》，王以铸译，商务印书馆，2002，第 3 页。

趣，等等，不一而足。乔治·兰克维奇在《纽约简史》中这样描述："在一个处于不断变化中的城市，教育远不如社会流动性那样被置于优先地位……在文化生活的其他方面，纽约显著落后于波士顿和费城。事实上，商人们关心自己的钱包远甚于自己的心灵，他们将闲暇时光用于狩猎和驾驶游艇，而不是去开拓自己的精神境界。因此，当该市第一所剧院于 1732 年 12 月开张时，登台演员和乐队都得从英国引进。一所商业性收费图书馆在 1754 年成立后，也不怎么成功。直到 1753 年，曼哈顿的戏剧娱乐才达到一年四季少有间断的水平，而即便到那时，这些表演还得由伦敦的哈姆勒公司提供……商人和政府官员竞相炫耀各自的显赫地位……不曾出现过任何一位如同费城的本杰明·富兰克林那样卓越的科学家值得它自夸……下层纽约人则回避业余文化生活，在遍布该市的小酒店中消磨时光。"①

深圳的情况与纽约早期的文化状况神似。按照文化积淀论的观点，很显然，这样的城市是文化积累不足、文化积淀浅薄的典型。

1783 年 12 月 5 日，英国人扬帆远去，纽约人口减少到 1.2 万人。《纽约简史》显示，短短三十多年后，"虽然尚未准备好挑战波士顿在文化上的首要地位，但纽约确实已在好几个精神生活领域称雄"，纽约"成为美国印刷及出版业中心"；"到 19 世纪 20 年代中期，纽约市已同时超过波士顿和费城而成为全国文学之都"；"1815 年，其为居民和来访者所提供丰富多彩的戏剧与通俗文艺节目已举世瞩目"，"美国的主导舞台表演家、歌

---

① 〔美〕乔治·兰克维奇：《纽约简史》，辛亨复译，上海人民出版社，2005，第 48~49 页。

唱家和舞蹈家，全都被吸引到纽约，在那里可以一举成名"；"到 1825 年，全国许多最杰出的画家已移居纽约"；"至 1830 年，曼哈顿在商业、工业及金融业方面都已名列第一，此后又在 1860 年之前的 30 年间取得文化艺术上的主宰地位"。①

纽约让文化积淀论不攻自破。如果非要说它带着欧洲的文化积累，那也是变化了的欧洲文化、流动的欧洲文化。

典型的例子还有香港，一个中国文化的边缘地区，与中原文化只沾了一个边，但历史上长期落后，没有多少文化积累，及至近代突然迅速地崛起，是因为外来文化的影响，也就是因为文化的流动。

文化积淀论的种种谬误说明，它不仅在理论上站不住脚，也无法对人类文明演进的历史和现实做出合理的解释。

不仅如此，文化积淀论危害重重。

文化积淀论会形成一种类似培根所说的"假象"，性质一样，只不过含义和表现有所不同。

它会形成一种对文化流动性的集体无意识，总是认为自己的文化最悠长、最优秀、最高贵、最不可磨灭，这实际上是一种"种族假象"。

它会形成一种文化"自己的洞穴"，崇拜自己的权威，对异质文化充满成见，对文化的流动无动于衷，这实际上是一种"洞穴假象"。

它会形成自己的话语系统和解释系统，按照自己的意愿、自己的语言去解读信息，遮蔽文化的流动性，这实际上是一种

---

① 参见〔美〕乔治·兰克维奇《纽约简史》，辛亨复译，上海人民出版社，2005，第 62～172 页。

"市场假象"。

它还会通过各种教条、法则、意识形态等移植到人心中，暗中潜入人的理智。也就是导演一幕"深厚的积淀、高贵的传统、永远的中心"的故事，使其中感情、思想、价值观念等为观众所受纳、汲取，这无疑是一种"剧场假象"。

这些假象会造成"酒越陈越香"的错觉，形成一种文化上的自我中心，进而导致对文化流动的拒斥，对文化创新的漠视，严重妨害新文化的发生和成长。停留在文化积淀论上，不会促进文化的发展，只能制约文化的发展。因为长期崇拜这样的文化观，很难在文化上提出创新的理念，走出创新的路。

如果仅仅把文化积淀作为城市"老本"而奉若神明，或者仅仅当作一种经济资源和物质财富，只有纵向的回忆而没有横向的定位，忽视城市文脉的延续、文化活力的创造和思想观念的更新，这时候文化积淀所固化的陈旧思维方式无疑会成为一种沉重的历史负累，这样的城市文化在新的时间和空间中显然"找不到北"。

鲜活的文化应该是能够生长出好的东西、好的创意，但是文化积淀论不是生长创意，而是压抑创意的。文化积淀论制约着文化的发展，制约着社会的创新，制约着思想的进步。不辩证地否定文化积淀论，不对其保持批判的态度，就没办法适应今天社会的变化。

因此，绝不能信赖所谓的文化底蕴和文化沉淀能在今天爆发出奇迹。我们必须树立一种新的文化观，去认识文化的本来意义和它的真正动力和规律。

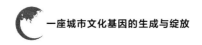

三 小结

文化遗产是文化积淀的重要形式，城市、民族、国家视之若无价珍宝，它见证着一地、一族、一国的兴衰历程，维系着一地、一族、一国独特的文化价值与文化情感，可增强民众的自豪感，并能确保民族文化传统的薪火相传。

文化是活的，处于不断变化中，其发展、进化源自不断挑战传统界限，而非对传统的顽固坚守与对积淀的盲目膜拜。后者必然导致将文化当成遗产继承、供奉，进而形成对传统文化的依赖，压缩文化自由空间，遮蔽、漠视文化的未来向度和创造力。

文化积淀虽与文化遗产密切相关，但并非仅表现于文化遗产之中，还存于文化作为复杂整体形成的传统中，其意义亦非仅在于其巨大的文化效益，还在于其对城市、民族、国家身份认同的建构，还在于其对城市、民族、国家文化的丰富、时间的延伸、空间结构的建构。深厚的文化积淀有利于文明的智慧始终保持领先，而文明健全体系形成时间的长短以及其间的经历才是文化基因改造、文明智慧传承的核心要素。唯有经历史考验且能与时俱进的文化、文明才能逢凶化吉、长盛不衰。

文化积淀越深厚越易固化成定式、越易成沉重包袱、越易裹足不前、越难实现变革，一味坚守传统、膜拜积淀，不能面对挑战、主动挑战，文化必将丧失发展进步的动力。文化的发展并非仅受存量的左右，还取决于其增速、增量，增速越快、增量越大，活力就越强。文化、文明皆可因突变而生灭，相对于流动，有时积淀会显得微不足道。

　　文化积淀虽是城市、民族、国家发展的基础，但绝非维护城市、民族、国家长盛不衰的唯一力量，对文化积淀过于自信易呈现轻蔑、漠视之病态，屡屡自长、自优、自贵、自久以自崇，自言、自释、自饰、自价、自蔽，必然导致渐绝汲养渠道而不觉、渐丧创新能力之源而不知，须自察、自省、自戒才能让文化积淀成为促进文化复兴、发展、超越的助推器。

第三章

文化流动

世界充满了流动。自然界中的江河在流动，以它不竭的能源、伟大的动力起于高山之巅，冲击原野，最后进入大海。而大海也不平静，它时而激起滔天巨浪，时而形成摧毁一切的飓风。人类社会也是这样，物的流动、人的流动和信息的流动等，使我们每天都处在变化之中。在今天，这种流动的速度明显加快。但是，在这些流动之中，我们往往忽略了文化的流动。我们经常听到这样一些观点：某地有着悠久的历史和深厚的文化，曾经是文化的中心，因此这个地方和这个地方的人就是有文化的；反之，某地就是缺乏文化的，因为那里没有文化的积淀。这种观点把价值的指针停留于过去，否定了文化自身的创造性和更新性。文化并不是一成不变的，就像我们脚下的土地，随着时代的变化和人类的发展，它孕育的东西数目繁多而又千姿百态。全球范围内不同区域、不同种类的文化都在接触、冲突乃至融合，久而久之，在流动之中融合出独具特色的新文化。这是全球文化演进给我们的启示，也是文化需保持流动性的证据。

文化流动虽有"势差""质差"之说，但是文化差异既可成其流动之理由，亦可成其阻碍之根据。所谓"原发性势差"一旦形成就无法改变的观点和看法是对文化传统的一种通俗或简约的表达，不过是"西方"与"东方"、"自我"与"他者"、"现代"与"传统"、"中心"与"边缘"、"精英"与"大众"等二元模式的简单注脚。

在文化流动语境中，文化确实只有形态的不同，没有高低之分；文化确实有先进与落后的区别，但所谓的先进与落后也是相对的，先进文化符合时代发展潮流，对落后文化具有引领作用，先进文化在推动历史进步以后，那种释放完能量不能再推动生产力发展和社会整体进步者可看成落后文化；文化与文化之间不是非此即彼、你轻我重的物理反应，而是相互融合生成我中有你、你中有我的化学反应。促进文化流动有区位与物流、移民、经济、文化产业、技术与传播五大要素，而文化流动要交流、创新，就需要广阔空间以展露文化的活力与勃勃生机，文化活力与前景在于文化流动的能力、空间与程度，若不再与其他文化碰撞、不再有大范围流动，文化或将停滞乃至死亡。

文化的流动是多向、多维的互动过程，二元模式的理念和区分正不断受到挑战，传统文化观念所描绘的文化地图正变得日渐模糊，一幅充满动感和活力的多维文化流动图景却越来越清晰。文化互动形式多样，或借鉴、或交流、或强加、或兼而有之，借鉴之质疑、交流之依赖、强加之征服，无不存在于文化逆向陶冶之悄然过程，处处映射着借鉴、参照、仿效之动感画卷。全球化、国际贸易、信息通信技术和新媒体的崛起，使文化多样性越来越受到重视，文化流动的形式正在或即将发生巨变，大规模战争征服这一昔日文化流动的主要形式或将逐渐退出历史舞台。

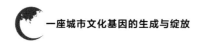

一 文化流动论

"文化"一词源自拉丁语 Colere，本义耕耘、培育，更可追溯至印欧语的 kwel 这一字根，其意义是翻动一块土地、耕作。"文化"从一开始就是人与自然的对话，是人与自然的互动，充满着活泼泼的动感。即便是在后来演变为西塞罗所说的"灵性的培育"或在十七、十八世纪扩大为"对人类的教化"，"文化"一词仍然保留着其内在的作为动词的词性。

在中国，无论在《象传》"观乎天文，以察时变；观乎人文，以化成天下"的早期用法中，还是在刘向《说苑·指武》"凡武之兴，为不服也。文化不改，然后加诛"的说法中，尽管其含义与西文不同，但"文化"的动词意味一样浓厚，并与西文中"文化"一词一样，具有"人与人的交往与对话"的意蕴。

因此，文化的本来面目就是人与自然、人与人、人与社会的对话和互动。作为动词的文化，其血液注定是流动的。对文化的概念化、对象化、本质化理解，逐渐遮蔽了文化的这种活生生的属性。

国际上也有学者注意到这一问题，建议不要把文化理解为名词，而要将其理解为动词。如南非学者内维尔·亚历山大在《重新思考文化，连接传统与现代》中就指出："最重要的问题是避免沿着从名词转变为动词的语法连续体，把抽象概念具体化。这种把概念具体化的'问题'在于，它一般会巩固某种既有的现实，而掩盖了它正在变成什么。"①

　　文化的动词词性在全球化时代充分彰显。作为一种在经济、社会、科技和文化等领域同步演进的多向和多维进程，全球化撩开了文化的面纱，文化流动正在成为全球化语境中的理解文化的新范式。在全球化背景下，世界上各个国家或地区的各种文化构成了一个相互冲撞、交流和互动的全球多维网络图景。在这个全球网络中，每一种文化不再固定于一个地理位置上，而是在网络中做着不规则、不均衡以及不等速的运动。

　　文化在空间上是流动的，在时间上不仅仅是被继承的，更是被创造的。显然，全球化创造了一种全新的语境，它带来的是一种时代的断裂。在全球化语境中，理解文化的传统方式已经丧失了应答和解释当代文化问题的效力。罗宾斯·K在《世界正在发生什么》一文中指出了全球化的"日常生活"特性，隐含着对把文化当作一个界限分明的实体的传统理解的修正。"文化作为一个有限、独立自足的实体，这样的概念已不能让我们了解全球化的流动性特质；在这样的流动性中，我们的日常生活与思考方式，被结构在一个更广泛的影响之内，它超越了语言、领土的界线，也超越了特定社群、社会、国家的信念的界限。"②

　　理解文化的传统所建构的"中心与边缘""现代与传统""全球与地方"的二元对立模式，因无法把握全球化语境中文化

---

① Alexander, N. , "Rethinking Culture, Linking Tradition and Modernity. " Paper presented at the second meeting of the Advisory Committee of Experts, Venice, 2 – 3 April. 2007.

② Robinson K. , "What in the World's Going on?" In P. du Gay (ed.), *Production of Culture/Cultures of Production*, London：Sage/Open University Press, 1997, p. 12.

流动的复杂性而饱受质疑，甚至在一定意义上走向瓦解。如苏珊·谢区和珍·哈吉斯在《文化与发展：批判性导论》中所言："全球文化之流所具有的流动特质，逐渐侵蚀了把文化视为是独立自足的、有自己领域的实体这样的概念——无论是'地方的''区域的''国家的''全球的'等等这样的范畴界定，都已失去了效力。'文化'现在被较为准确地理解为是一种复杂的、多向度的文化互动与互联，其将地方与全球同时编织进形色万千的形态与结构之中。现代性，已变得具有流动性与多样化的气质，而非是一个内涵一致、单一的终结点。"①

作为动词的文化意味着不同的文化之间"互为主观"，实现如哈贝马斯所指出的符合交往理性的"话语权利的平等"。不同的文化超越各自传统和生活方式的基本价值的局限，作为平等的对话伙伴相互尊重，并在一种和谐友好的关系中消除误解，摈弃成见，共同探讨并寻求途径以解决与人类和世界的未来相关的重大问题。这也是联合国教科文组织所寻求的所谓"名副其实的文化间对话的努力"。

作为动词的文化也意味着，文化在新的时空观中实现对人类活动的时空占有，文化因此而生成、展开与传播。静态的、均匀流逝的、以空洞的外在形式存在的时间，将置换成动态的、在人类活动不同时期具有质的差异的、以事件方式存在的时间，有着中心与边缘以及严格边界的欧几里得空间，也将向无边界的、常常是包括多个不连续且相互渗透的次空间构成的多维度全球空间改变。

---

① 〔澳〕苏珊·谢区、珍·哈吉斯：《文化与发展：批判性导论》，沈台训译，台北巨流图书公司，2003，第101～102页，译文有改动。

　　作为动词的文化，也就是流动的文化。在全球化的大趋势中，一改理解文化的传统模式，从动词词性上理解文化，可以发现文化的动感，启发文化流动这一新的范式，这是顺应时代潮流的明智的文化选择。

　　有人说，世界是由岩石和梦境组成的。"岩石"代表理智与现实，"梦境"代表情感与梦想。文化是人类的梦，而梦永远是流动的。

　　联合国教科文组织以此诠释文化，是想指出文化并非自我封闭或静止不动的实体。早在 1996 年世界文化与发展委员会报告《我们的创造力的多样性》中，联合国教科文组织就指出："没有文化是一个密闭的实体。所有的文化都受到其他文化的影响，反过来也影响着其他文化。也没有任何文化是不动的、不变的或静止的。所有文化都处在内力和外力作用下的不断的流动之中。"①

　　在 2010 年发表的《着力文化多样性与文化间对话》报告中，联合国教科文组织进一步注意到："即使长久以来被视为孤立或封闭的文化，也可以证明曾以经济或原始政治交流的形式接触过其他文化。文化间对话的基本障碍之一是我们习惯于把其他文化实体化，把它们设想为固定不变的实体，就好像有一条条断层线将文化与文化割裂开来。"②

　　斯蒂芬·格林布拉特在《文化的流动性》一书中也注意到：

――――――――――

① World Commission on Culture and Development, "Our Creative Diversity: Report of the World Commission on Culture and Development," Paris: Unesco Pub, 1996, p. 54.

② 联合国教科文组织世界报告：《着力文化多样性与文化间对话》，联合国教育、科学及文化组织，2010，第 39 页。

"文化表面上的不变性和稳定性，用蒙田的话来说，'不过是一种更缓慢的流动'。即使是在那些第一眼看上去更加具有同质化和停滞特征而不是多元和变化特点的地方，促进文化流动的电路都在工作。"①

这就好似云，即便看上去完全静止，也是在时间中徜徉。因为有风的存在，云总是会变化万千。文化如云，其流动的力量来自人与自然、人与人、人与社会的对话和互动的本性。文化如云，在历史和现实的多重影响中，在一种非线性的过程中不断演变。

一种观点认为，文化之所以流动，关键在于不同文化之间的"势差"，而导致"势差"的首要原因是文化之间的"质差"。也就是说，文化之间有高低之分，甚至优劣之别。文化流动顺理成章地具有所谓的"水流效应"，文化永远从高处流向低处，如水之就下。

这种观点和看法建立在对文化差异的判断之上，这没有问题。文化之间确有差异，正因为有了差异，才会有丰富多彩的文化多样性。不过，从逻辑上讲，差异既可以成为文化流动的理由，也可能成为文化阻隔的根据。也就是说，差异并不是文化流动的充分条件。

这种观点和看法更实质的依据在于，不同的文化具有各自凝固不变的本质，其所谓"原发性势差"一旦形成就无法改变。这种观点和看法是对理解文化的传统的一种通俗或简约的表达，

① Stephen Greenbaltt, Ines Zupanov, Reinhard Meyer-kalkus, Heike Paul, Pál Nyíri, Friederike Pannewick. *Cultural Mobility*：*a Manifesto*. Cambridge/New York：Cambridge Uniuersity Press, 2010, p. 5.

不过是"西方"与"东方"、"自我"与"他者"、"现代"与"传统"、"中心"与"边缘"、"精英"与"大众"等二元模式的简单注脚。

实际上，文化的流动是一个多向、多维的互动过程。与此相应，关于文化流动的一系列经典理念越来越受到质疑。比如，文化流动的"水流效应"在什么条件下才能存在，"水流效应"的提法是否科学？"高文化"和"低文化"的当代标准是什么？"精英文化"和"大众文化"的界限与疆域何在？谁是文化的"中心"，谁又是文化的"边缘"？实际上，这些理念和区分正不断受到挑战，传统的文化观念所描绘的文化地图正变得日渐模糊，一幅充满动感和活力的多维文化流动图景却日渐清晰。

在文化流动的语境中，有几点是明确的。第一，文化确实只有形态的不同，没有高低之分，这必须得承认。第二，文化确实有先进文化和落后文化的区别。所谓的先进和落后也是相对的，符合时代潮流发展，能够推动社会和整个生产力进步的文化，我们可以把它称之为先进文化。而在推动历史进步以后，那种能量释放完毕的、不能再去推动生产力发展和社会整体进步的文化，可以看成落后的文化。先进文化对落后文化有引领作用。第三，文化和文化之间的关系，不是物理反应，即非此即彼或者你轻我重，而是融合的过程，这个融合过程是化学反应，最后生成的不是非此即彼，而是我中有你，你中有我。

文化流动的例证不胜枚举，人类文明的进步从来就是在文化的流动中实现。罗素在《中西文化之比较》一文中说："不同文化之间的交流过去已经多次证明是人类文明发展的里程碑。希腊学习埃及，罗马借鉴希腊，阿拉伯参照罗马帝国，中世纪的欧洲又模仿阿拉伯，而文艺复兴时期的欧洲则仿效拜占庭帝国。"①

罗素笼统地使用了一个"文化交流"的概念，展示了不同文化之间的借鉴、参照和仿效的情景。

其实，文化流动作为一种互动过程，其形式多种多样。联合国教科文组织在《着力文化多样性与文化间对话》报告中，总结出三种主要的文化互动形式。

文化借鉴。"一个群体承认另一群体的文化实践明确优于自己先前利用的文化实践"，"文化借鉴优势变得如此无孔不入，以至于可以质疑内在和外在的文化元素的区别"。②

文化交流。"在相邻和相互依赖的文化之间可能很普遍"，是"许多集体的发展，并且是人类多数成就的根源，而且往往使任何一个文明的排他性主张无效"。③

文化强加。"通过战争和征服实行"，"构成了千百年来文化互动的主要形式"，"然而，即使在奴隶制的极端条件下，也存在逆向文化陶冶的悄然过程，被统治人民的文化习俗逐渐地被统治文化所吸收"。④

在当今全球化、国际贸易、信息和通信技术、媒体崛起，文化多样性越来越受到重视的大背景下，或者如福山所言的

---

① 〔英〕罗素：《中西文化之比较》，《一个自由人的崇拜》，胡品清译，时代文艺出版社，1988，第 8 页。
② 联合国教科文组织世界报告：《着力文化多样性与文化间对话》，联合国教育、科学及文化组织，2010，第 39 页。
③ 联合国教科文组织世界报告：《着力文化多样性与文化间对话》，联合国教育、科学及文化组织，2010，第 39 页。
④ 联合国教科文组织世界报告：《着力文化多样性与文化间对话》，联合国教育、科学及文化组织，2010，第 41 页。

"历史终结"的时代，文化流动的形式正在或将会发生新的变化，大规模的战争和征服这一文化流动的主要形式将会退出历史舞台。

这种情况随着社会的进步越来越明显，如果说刀耕火种的时代还存在着文化有征服性的情况的话，当真正的文明体系确立以后，只能是一种互相借鉴、互相融合的过程。

拿佛教来讲，佛教传入中国之后保留了佛教里面很多基本理念，但是绝对是中国化的，中国的佛教不是印度的佛教了。同样我们也应当承认，佛教从中国传到日本、韩国后，也有了自己的特色，形成一种新的形态。再拿基督教来讲，基督教从以色列最后流入欧洲，也发生了很多理念性的变化。最重要的变化是，分成基督教和天主教，出现新约和旧约，新教徒游走美国，进行宗教改革。

这种变化的过程绝对有原文化产生新的文化形态、对原文化的改造，因此产生各种文明。这种过程，包含着观念、制度的变化，其中观念的接受是最重要的。如"时间就是金钱，效率就是生命"，是市场经济的价值准则，这一观念的接受，比制度层面和物质层面都要快得多。观念最重要，一旦接受某种文化观念，再接受制度层面的文化、物质层面的文化，就是真正的一种融合。反之，如果仅仅是某一层面的，或者仅仅是器物层面的接受，则只能称为一种借鉴。

制度没有观念重要，但是唯有制度才能把观念固化，所以文化流动中，一种文化接受另一种文化不是先其接受制度。比如说接受西方的制度，是因为心甘情愿地接受了其观念，才认为制度合理，没有观念的接受，就绝对不会有制度的接受。

文化的流动是一个接受与融合的过程。以香港为例，英国将一切的东西都复制到香港来，香港可以说完全被殖民化了。即使这样，你看到今天的香港绝对不是只有英国那一套，还有融合，如果不接受中华文化，香港无法治理。所以，尽管在实践中沿用了西方的价值理念、西方的制度，但是它必须和当地文化融合。

文化如云，也就是说，流动是生动的过程，而不是一个机械的、固定化的物理过程。探寻文化流动性的精义，或者说寻找文化流动的精神，必须回归到"文化"一词的充满创意的源头。

在源头上，哲学是灵性的培育，文化与哲学同义。而哲学就是"爱智慧"，是对"智慧"的惊异、倾听和呼应。"惊异"带有"好奇"，"呼应"即是"对话"，"惊异"和"呼应"都需要静心的"倾听"。

因此，好奇、倾听和对话是文化流动的真谛。埃伯哈德在《通过文化间对话重新发现教育》一文中将能够倾听、对话和好奇视为跨文化的基本能力，其中，好奇是"一种被差异触动的能力"，是一种"主动开放"，是一种"持续不断地发现"，"承认他人不是一个需要填补的真空，而是需要去发现的宝库"。倾听是"有体验地产生共鸣"，是"体验另一种文化，接受其他文化的真理"。对话"天生就是发自与他人和我们自己内部的共鸣"[1]。

关于文化间的对话，联合国教科文组织在《着力文化多样性与文化间对话》报告中指出三层具有指引作用的意思。

---

[1] 参见联合国教科文组织世界报告《着力文化多样性与文化间对话》，联合国教育、科学及文化组织，2010，第45～46页。

第一，"一切文化间对话应当依据的前提是，所有文化都是——而且始终都是——处于不断演变之中，而且是整个历史上外部和内部多重影响的结果。"[1] 这就是说，文化的流动性是文化之间可以对话的依据。

第二，"决定不同文化间对话成功与否的与其说是对他人的了解，不如说是灵活的认知、共鸣、减少焦虑和在不同参照体系之间转换的能力。"[2] 这就是说，相互理解的能力决定文化间对话的成功率。

第三，"我们不再以固定和单方面的方式来感知他人时，真实对话的潜力就会显著增加：我们将开创从仅仅是固定立场之间的妥协，转向在新发现的共同点上实现相互充实的可能性。"[3] 这就是说，重视"求同"，看淡"存异"，可以扩大文化间对话的空间，开拓更好的对话前景。

全球化时代，文化的流动风云际会，气象万千，一个新的纪元正在开启。但文化如云，也意味着文化流动过程中会充满艰难险阻，文化的对象化和他者化、文化的同质化和标准化、创造的乏力和表现形式的雷同等都将继续成为文化流动需要直面的挑战。文化如云，却否定不了文化的流动性与在地性之间的宿命，顽固的文化在地性总是会不时现身，在地性与流动性之间相互冲突的刀光剑影，总是在坚持在地与永恒的流动之间若隐若现。

---

① 联合国教科文组织世界报告：《着力文化多样性与文化间对话》，联合国教育、科学及文化组织，2010，第 54 页。
② 联合国教科文组织世界报告：《着力文化多样性与文化间对话》，联合国教育、科学及文化组织，2010，第 46 页。
③ 联合国教科文组织世界报告：《着力文化多样性与文化间对话》，联合国教育、科学及文化组织，2010，第 47 页。

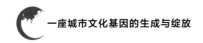

二 文化流动的五大要素

印度裔文化人类学家阿帕度拉在《全球政治经济中的分裂和差异》一文中将"全球化"视为五个不同层面的"文化之流"。族群层面，"我们生活在一个由人所组成的流动的世界：旅游者、移民、难民、流亡者、劳工和其他流动的群体和个人，构成了世界的一个本质特征"；技术层面，"技术的全球配置和全球流动"，以及"技术正快速穿越各种先前封闭的疆界"；资金层面，"全球资本的流动比以往更为快速、更为复杂"，"国家之间的资金流动令人炫目"；媒体层面，指"资讯生产与传播技术带来的全球范围的资讯流通"，以及"媒体所创造的想象的世界"；意识形态层面，源自欧美启蒙世界观的民主政治意识形态传播到世界其他地区，并开始产生与其原始脉络相异的意义。①

文化的流动性本质要求文化的发展必须要在促进文化流动上做文章。如果一种文化战略极大地带动了文化的流动、增强了文化的活力，那么这种战略至少适应了文化生长的特性和内在需要。流动的文化需要更为广阔的空间来展露其勃勃的生机与活力。文化的流动性决定了它只有在创新、交流中才会有更大的发展。考察一种文化是否有活力、是否有发展的可能性，关键就是看它流动的能力、空间和程度，如果它不再与其他文化相碰撞相流通、不再有大面积的流动，那么它就可能停滞甚

① Appadurai, A., "Disjuncture and Difference in the Global Economy" in M. Featherstone (ed.), *Global Culture*, *Nationalism Globalization and Modernity*. London: Sage, 1990, pp. 296 – 301.

至死亡。结合人类文明古往今来的发展史，我们可以归纳促进文化流动的如下五大要素。

（一）区位和物流

区位对于文化流动的重要性，在此只要举出城市与乡村的对比就足以说明。一般而言，城市的地点选择不是随意的，无论是科特金所说的神圣，还是安全和繁忙，都是以地理区位的重要性为前提的，特别是交通要道意义上的重要性。比如前面提到的圣城耶路撒冷，它所在的东地中海地区自远古以来就是人类文明尤其是早期城市文明的发祥地，是亚欧大陆最重要的交通、交流核心节点之一，自然也是人类聚集后开展宗教等文化交流活动的中心地带。再如君士坦丁堡（伊斯坦布尔）扼黑海之咽喉，居欧亚交通之要冲，地理区位、战略地位极为重要，千百年来一直是全球最重要的帝国都城之一，也是东西方文化沟通、交流的集散地。

地理区位的重要必然带来人流、物流的兴盛，而文化观念等各种因素的碰撞交流，火花四射，则带来了城市的勃兴。刘易斯·芒福德在《城市文化》中讲道："在城市当中，通过市场、聚会场所等介质的交融手段的浓缩强化，人类的生存方式逐渐形成了各种替代形式：乡村中根深蒂固的循规蹈矩渐渐地不再具有强制性，社会的生活目标渐渐地不再是唯一的生存需求满足；异国他乡到来的男男女女，异国他乡传入的新奇事物，闻所未闻的神灵仙子，无不逐渐瓦解着血缘纽带和邻里联系。一艘远方来的帆船驶入城市停泊，一支骆驼商队来到城市歇息，都可能为本地毛织物带来新染料，给制陶工的餐盘带来新奇釉彩，给长途通信带来其所需用的新式文字符号体系，甚至还会

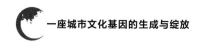

带来有关人类命运的新思想。"①

因区位的重要和物流的发达而兴盛的文化名城大邑，古今中外不胜枚举。

中国最早的几个通商口岸广州、厦门、泉州和上海等，无不是随着商品的进出和人流的涌入而迅速地兴旺起来的，以泉州而论，它是中国海上丝绸之路的起点，这里曾经被外国人形容为千帆之港，世界上各种各样的贸易船只，都在这里留下它们的倩影，从而成为世界的宗教博物馆。我们走在古朴的泉州城区和郊野，都能感觉到各种宗教在这里留下的气息和踪迹。可以说，正是海外贸易文化的动因造就了当时号称东方第一大港——泉州。

古都洛阳、开封，在历史上都曾经是国际化的大都市，特别是北宋都城开封，拥有人口 150 万，不仅是国内经济、政治、文化中心，而且是"万国咸通"的国际大都市，在世界上有着深刻的影响。开封的兴盛来自穿城而过的汴河，这条黄金水道曾为开封带来了数不尽的物资、川流不息的人群和流动的文化，也成就了《清明上河图》所见的北宋帝都的繁荣景象。但明清以来，这两座曾经的经济中心城市地位不断下降：由于黄河改道而致水患频繁，开封的水陆交通枢纽地位逐步丧失。洛阳同样如此，元朝京杭大运河新交通线的开辟，使洛阳"天下之中"地位顿失。而至近现代，新兴铁路的修筑，使开封、洛阳的交通优势大受制约，北宋时期的盛大繁荣早已成为过眼云烟。相反，由于京广铁路与陇海铁路交会于郑州，郑州也因其枢纽地

① 〔美〕刘易斯·芒福德：《城市文化》，宋俊岭、李翔宁、周鸣浩译，中国建筑工业出版社，2009，第 3 页。

位而实现了城市的现代飞跃。

被誉为"东方花园"的新加坡，在被开发以前，只不过是一个沼泽密布、野兽出没的荒岛。1819年英国殖民者莱佛士来这里"开埠"时，全岛居民只有150人，他们是在这里种植甘蜜的拓荒者。后来基于其扼马六甲海峡咽喉的优越区位，新加坡不仅走向了贸易的兴盛，也因不同种族的移入而具备了"马赛克"的社会文化风格。商品、文化的流动性带动了当地政治经济的发展，使新加坡成为新兴的工业化国家，成为"亚洲四小龙"之一。

（二）移民

人是文化的基本载体，流动的人群是文化流动的承载者。有人的地方就有文化，这是人类社会共同生活过程中衍生出来或创造出来的。正如物的流动一样，一个地区的人的流动越频繁，规模越大，就越有活力。

古今中外，众多地区和城市正是借由来来往往不断流动的人而造就自身独特的文化和城市风貌。人类移民过程所带来的深远影响，不仅体现在不可逆转地改变着人类的生存环境，更为重要的是，移民在与原住民的互动过程中，价值观、思想和文化基因都得以深入交换，并由此产生新的社会文化生态体系。事实上，移民的活动往往导致文明的兴衰。汪达尔人和哥特人等日耳曼族的迁徙直接摧毁了罗马帝国；裘特人和盎格鲁－撒克逊人的迁徙造就了英国和爱尔兰。从中国的西安、香港，到西方的伦敦、纽约，这些享誉世界的名城也是移民的集结之地。

移民所承载的文化能量在美国体现得尤为充分。在美国目前的人口构成中，约30%的美国人或其前辈来自欧洲以外的其

他国家和地区。美国人中非洲裔约占 13%，拉美裔占 11%，4%
为亚太裔，而印第安人、因纽特人等土著人仅为 1%。直至今
日，作为世界上最大的移民国家，美国每年仍接受亲属移民、
工作移民等来自全世界的各类移民。纽约自诞生之日起就承载
着移民文化多样性，时至今日，世界上几乎所有主要国家都有
移民在纽约。20 世纪 80 年代，纽约市民使用的语言多达 121
种。1990 年，纽约的"少数"民族成了多数民族，其人口占全
市总人口的 57%。数以百万计的移民带着淘金、发财等种种幻
梦来到纽约，当他们一进入纽约，首先映入眼帘的是那尊目光
深邃、不偏不倚的自由女神雕像，她好像正激励着人们为梦想
而奋斗。

今天，城市的爆炸性扩张不断推进，世界上超过一半的人
口居住在城市里，这是前所未有的。从乡村到城市的移动已成
为当代最重要的移民现象。在人类历史上，没有哪一场移民的
广度和规模能与这场大移民相提并论。无论人们是否承认，毫
无疑问的现实是，移民们为了追逐城市优势，推动着城市的不
断变化与文化的更新，日渐成为引发变革、不断创新的决定性
力量。

从文化流动的大视野中去看新文化的创造，在当代移民社
会中显得尤为重要。过去，当我们谈论一个城市的文化时更重
视的是在历史上发生了什么事，或者书上有什么样的记载，或
者建筑物是什么风格，留下了什么样的民俗，但实际上却忽略
了最重要的人。人的流动，各种各样的人的聚集、碰撞，辅以
环境引导会激活每个人身上的文化基因，产生新的文化形态。

（三）经济

文化与经济的互动是文化流动的最重要形式之一。一直以来，人们都认为经济与文化之间有着清晰的楚河汉界，各自驰骋在自己的疆域，相互独立甚至时而对立。但从人类历史长河看，文化与经济之间始终交织错杂，即使是在最原始、最落后的经济形态中，也或多或少地包含着文化因素，反之亦然。

在文化流动的过程中应当有意识地增强经济推力的作用。文化的流动并不是盲目的，它有自己的定律。探讨其中的动力机制，对改变文化流动的方向、影响文化流动的程度将有重要意义。当然，这种动力机制有许多，其中有文化自身的和非文化的因素。特别是到了现代商业社会，非文化的因素，尤其是经济因素的影响不容忽略。经济动因往往成为现代社会各种资源配置的决定性因素。

凡工商业发达之地，必有文化兴盛之都。这在历史上是有过无数例证的。像 21 世纪初的上海，高度发达的现代化，极大丰富的物质、商品，使上海率先进入消费社会，而文化生产也繁荣一时。当然，我们也应该注意到乔尔·科特金在《全球城市史》中的提示："在古代世界，为商业而设计的都市远逊于为了征服而建造的城市。建基于利润和狭隘的自我利益上的意识形态远不能抵抗帝国的理念，而正是这种理念统治了近代来临之前的城市史。"①

城市的竞争通常经历拼经济、拼管理、拼文化三个阶段。

---

① 〔美〕乔尔·科特金：《全球城市史》，王旭等译，社会科学文献出版社，2010，第 24 页。

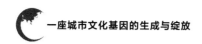

但鉴于近代以来经济在文化流动中的显著作用，我们应该清醒地认识到，即便是在中国城市发展迈入第三阶段即文化竞争阶段时，还必须继续注重经济实力的积累。没有雄厚的经济实力、没有较高的生活水准，要想推动文化的大规模流动和增长也是不可能的。文化对经济的这种依赖依然不容忽视，否则物的流动和人的流动没有了，文化就不在这里流动了，城市的文化也就式微了。

这里我们再举一下扬州的例子。扬州的历史很长久，兴盛于汉，繁盛于唐，鼎盛于清。隋唐时期扬州在江淮之间"富甲天下"，是中国东南第一大都会，"烟花三月下扬州""春风十里扬州路""十里长街市井连""夜市千灯照碧云"等都是当时名句，见证着扬州历史上的盛世繁华。后来由于兵灾战祸，扬州虽几经兴废，但至明清时其文化才真正地"发达"起来。清代，康熙和乾隆多次"巡幸"扬州，使扬州出现空前的繁华，成为中国的第八大城市。扬州商贸兴旺，经济繁荣，也是文人雅士荟萃之所，在学术上出了扬州学派，在艺术上出了扬州八怪。这些都是经济繁荣带来流动性文化的证明。

（四）文化产业

多年来，人们一直热衷于谈论文化产业或创意产业，却较少关注文化产业与文化流动的关系。事实上，当"文化"和"工业"这两个本来看上去毫不相干甚至相互对立的概念"混杂"在一起时，文化产业就展开了与文化流动的"不了情"。

20世纪80年代，文化在西方发达国家已经被视为整个社会经济的一部分，被阿多诺等法兰克福学派赋予否定性色彩的"文化工业"开始获得新的、积极的意义。联合国教科文组织对文化产业做出定义，并在 1980 年召开的蒙特利尔专家会议上对文化产业产生的条件进行说明。20 世纪 90 年代，西方发达国家开始着重关注文化发展对城市的经济影响，思考文化如何作为一种积极的经济力量重展城市的雄风。欧洲国家进一步重视"文化产品"，并将其转化为新的经济资本。文化产业开始快速发展，文化产业的学理性论争逐渐被强大的文化产业发展的现实带来的震撼和惊叹所取代。历史进入 21 世纪，文化产业在国际上被称为"经济黑马"，相对于经济整体发展水平，文化产业取得了更加快速的发展。各国和一些国际组织纷纷制定和调整文化产业发展战略，文化产业在全球范围内获得政府和业界的重视。

文化产业的突飞猛进对文化的流动产生了前所未有的、复杂的、深刻的影响，文化产业在一定程度上已经成为现代社会中文化流动的基本形式。

最直接的表现是，文化产业使文化流动的速度和规模实现了质的跃升，文化生产的要素在资本的纽带中以前所未有的速度聚集和流转，文化产品的规模化生产和批量销售使文化传播的速度和效率全面提升。季羡林先生所说的"文化一旦产生，立即向外扩散"，在文化产业时代成为真正的现实。

深层次的影响是，文化产业让文化艺术与经济相遇，既在相当程度上大范围地打破了精英文化与大众文化的界限，使大众文化、消费文化和文化的商业化成为当代文化几乎最重要的表现形式。

更深刻的影响在于，文化产业从根本上改变了文化的取向和发展路线。由于文化产业增长的最基本动力来自技术和经济，内容和创意强烈地受到技术条件和市场机制的调控，并在相当程度上退居二线。因为，文化产业的运行逻辑是，"市场机制可以生产出高品质的艺术，甚至有可能是最高品质的艺术"①，布鲁诺·费莱在《当艺术遇上经济——个案分析与文化政策》一书中就是这么认为的。

当注意到我们对文化的理解已经由美学传统、人类学传统演进到工业和商业传统，工业社会中文化像其他任何产业一样都服从于一种力量——消费者需求时，沙利尼·文特雷利教授认为这是工业经济学和传统的自由经济学的基本假设出了问题，因为在他看来，创意、思想和文化产品在任何时候表现出来的特征都可以很简单地解释为消费需求的一个要素，这就是文化产业时代文化流动的现实。

（五）技术与传播

从哲学的角度看，文化与技术是两种完全不同的理解和诠释世界的方式。文化从其本源意义上，是对土地的耕种，是对某种无人时就已经存在的东西的培育；技术的特点则在于创造，创造出无人便不能存在的东西，技术让遮蔽的东西显现出来。我们可以说技术本身也是一种文化，但是技术性地对待人与物和文化性地对待人与物截然不同，比如现代技术的出现和发展意味着工具理性的扩张和人类理性功能的萎缩。

不过，历史和现实告诉我们，技术与文化之间的牵扯远远不只这么简单。借助技术的力量，文化流动的速度、规模乃至质量都有持续不断的提升。无论我们愿意不愿意、承认不承认，

① 〔德〕布鲁诺·费莱：《当艺术遇上经济——个案分析与文化政策》，蔡宜真、林秀玲译，台湾：典藏杂志社，2003。

技术对文化的影响都是日益深远的，并且文化的流动与技术的进步日益走向正相关。例如，20世纪30年代，在北京唱京剧的人为什么一定要到上海才能唱红？余秋雨做了一个很好的解释，因为上海在当时有世界上最先进的印刷机，在北京印报纸，一个星期才能印出一张来，而上海今天演出，明天就能见报。这就是技术在文化流动中体现的力量。

技术正在成为文化流动的主要动力之一。印刷资本主义时代，媒体掌握了现代社会的"象征权力"。当今时代，带动全球文化增长的主要动力之一更是来自技术的进步及其对文化内容的需求。从发展态势看，多媒体与电信技术的整合带来文化内容生产、发行和消费手段的一体化，技术进步带来的发行渠道数量的增加和销售平台的发展，使人们对文化内容的需求日益增加，对文化产品的需求的增长，同时促进艺术和文化表现新形式的产生。

新的通信技术带来不断变化的文化生产和消费模式。新一代消费者开始使用网络、移动电话、数字媒体等方式，文化体验的范围不断扩大，使其从文化信息的被动接受者变成文化内容的积极创造者。今天，任何一个人都可能成为"产销者"，即交互式文化内容的生产者和消费者的结合。"产销者"的出现为文化产业发展提供新的生产和消费模式，也激励了文化的交流和互动。

数字融合促进文化流动新模式的产生。数字技术使文化的多数产出能够被数字化，而包括技术融合、媒体融合和路径融合的数字融合，为发展新的生产和经销体系打开了机遇之门，这些新体系可能促进文化生产中的民主和多样性的真正扩张，并创造新的流动模式和机遇，而传统的垄断传媒行业的既得利

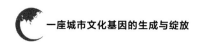

益则可能受到冲击。

技术进步与文化流动之间的这种关联显示，文化流动对技术的依赖程度大幅度提高，并引起了一系列新的变化。文化流动在以前主要依靠人的流动，如移民，但在当代由于信息技术的进步、传播手段的变化、文化传播的载体和媒介的变化，使新技术、新媒体的作用变得和人的作用一样重要，甚至更加重要起来。技术进步所实现的时空压缩，使世界变得越来越小，也使文化的流动比以往任何时候都要更加便利和快捷，文化的流量也获得爆发性增长。

信息和传播技术发展的非物质化、非领土化过程，使文化与地理的关系开始弱化，文化的在地性得到一定程度的消解。在文化与技术之间，文化的内容与技术手段的重要性也开始发生微妙的变化，文化流动中媒介和渠道的重要性在一定的时空条件下超过了文化内容本身。

技术的进步带来了全球化时代文化流动的新变化。联合国教科文组织观察到，一方面，全球化曾经扮演了"世界之窗"的综合角色，主要让少数实力雄厚的国际企业集团受益；另一方面，由技术创新和新消费模式推动的最新变革却在激发新型"自下而上全球化"运动，引发传播和文化产品的双向流动。

技术进步和文化流动的大趋势推动了新媒体的发展，并正在创造一个更加复杂、流动性更强的全球媒体市场，使全球媒体版图不断变化。技术进步正在矫正文化流动中地方与全球、边缘与中心之间的不平衡，也有可能改变发达国家、发达地区在文化流动中的居主导地位的格局。处在传统文化版图边缘的国家或地区，有可能在文化的极速流动中成为新生力量、新兴节点，甚至新的中心。

三　小结

文化并不是一成不变的，就像我们脚下的土地，随着时代的变化和人类的发展，它孕育的东西数目繁多而又千姿百态。全球范围内不同区域、不同种类的文化接触、冲突乃至融合，久而久之在流动中逐渐形成独具特色的新文化，这是各地文化演进给我们的启示，也是文化需保持流动性的证据。

文化流动是绝对的，静止是相对的。文化流动不仅仅是空间上的流动，也不仅仅是在时间上的被动继承，而是在空间上与时间上的更新与创造。

全球化时代的文化流动风云际会，气象万千，既可瞻其前如花似锦，又能料其途时有艰难险阻。文化的对象化与他者化、同质化与标准化、创造乏力与表现形式雷同等都将继续成为文化流动过程中需要积极面对的长期挑战。文化的流动性与在地性之间的宿命无法否定，在地性的顽固若幽灵不时现身，并与流动性相互冲突，其刀光剑影在坚持在地与永恒流动间若隐若现，只有把握好文化流动的五大要素，才能使流动顺畅、有序、有力。

第四章

文化权利与文化主权

衡量一座城市的文明程度，关键要看经济、社会和文化权利在这个城市有没有得到充分实现。一座城市文化基因的生成绽放，与其市民文化权利的实现程度密不可分。市民文化权利的实现是"五位一体"建设的重要命题，文化权利实现的程度是决定城市文化发展成败的重要因素。

文化主权作为一种文化自觉，是城市、民族、国家文化自觉的产物，与城市、民族、国家的复兴及核心价值观密切相关。国家文化主权最终要落在城市上，大的中心城市是国家文化主权的集中体现，也是国家文化主权的符号化象征。文化主权赋予一个国家、一个民族的是不为别人所代替、不依赖别人、独立自主地创造本民族文化、改善本民族生存条件、提升自身精神发展境界的责任与义务。

文化主权具有至高性、尊严性、自主性、继承性、发展性。虽然我们常将主权与民族、国家并论，但广义上应该包含非国家、非民族之主权。也就是说，从某种意义上讲，也应该包含个人、团队等的文化权利，因为文化权利正是其文化主权的具体体现。如果没有主权何谈权利；如果只言主权不谈权利，主权又有何意义！文化权利是"五位一体"建设的重要命题，其兑现程度是决定城市、民族、国家文化作用的重要因素。

在全球化时代，中心城市之间的直接对话日益频繁，而城市本身越来越成为国家文化发展的重要支撑点甚至是基本载体。深圳作为中国最早对外开放的经济特区，如今肩负着建设中国特色社会主义先行示范区的重任，是拥有重要地位和负有重大责任的中心城市，理应自觉研究和关注文化主权与文化权利。

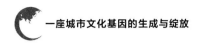

一　文化权利的由来

在现今国际社会，文化权利被提出时，通常与经济权利和政治权利并列。但较之经济权利和政治权利，文化权利在较长时间内并未能充分体现出其独立性。人们对文化权利关注甚少，往往把它作为其他权利的派生物。例如文化权利常常被政治权利所遮蔽。这是因为在许多人看来，特定国情下生存权理所应当优先于发展权。所以，在经济、政治和文化权利当中，对经济、政治权利的考察和关注往往多于被视为发展权的文化权利。人们常有这样的想法：在基本的温饱、工作的安全、生活的保障不能满足时，谈文化权利是奢侈的。

然而，随着经济、社会的快速发展，培育公民文化权利的自觉意识、实现公民文化权利是当代中国进一步全面发展的应有之义。

开展对文化权利的讨论，首先需要对"文化"本身的概念进行厘清。

在西方，人们通常认为文化（culture）的原始意义是"耕耘"和"农作"。但从词源追溯，拉丁语系的文化概念首次被古罗马哲学家西塞罗使用于《图斯库卢姆辩论》中。他用了"cultura animi"（灵魂的耕耘），以农业暗喻哲学上人类的最高境界即为灵魂发展。可见，在很久之前，人们就意识到，文化是一种相对于物质领域的精神领域的存在。

人类学奠基人爱德华·泰勒将"文化"作为专门术语引入学术讨论，他在《原始文化》中，将文化定义为"一个复杂的总体，包括知识、信仰、艺术、道德、法律、风俗，以及人类在社会里所得的一切能力和习惯"①。他让文化的概念突破了人的精神成就和存在价值的桎梏，扩展为人所创造出来的物质与精神财富的总和，和人类作为社会集体的生活方式。

而在中国的传统中，文化概念的最早用法可以追溯到两千多年前。成书于战国时期的《象传》记载："刚柔交错，天文也；文明以止，人文也。观乎天文，以察时变，观乎人文，以化成天下。"意思是，刚柔并济，阴阳相辅是天道自然，而以文明为目标，才是人组成的社会规律。通过自然现象，可以察觉到时节的变化，而通过社会人文，才能教化天下。

和西方思想类似，中国古代的"人文"，也与人类的物质和精神创作紧密相关。人文可以理解成人世间事、风土人情，也能理解成礼乐教化等人类文化现象，这些都和文化活动息息相关。

在当今社会，各个国家纷纷开始注重文化的社会凝聚力量及其对经济和政治的协调作用，将文化繁荣作为发展的最高目标。因此，保护文化，保障公民文化权利，表明国家将文化视为社会进步的关键。

1948 年，联合国人权理事会通过了《世界人权宣言》，宣言将文化权利纳入基本人权。宣言首次规定了对文化权利的保护，包括人人有权参加文化生活，享受文化成果并分享科学进步及其惠益。

1966 年，文化权利、经济权利和社会权利一同被纳入了《经济、社会和文化权利国际公约》，这是文化权利发展的一个

---

① 〔英〕爱德华·泰勒：《原始文化》，连树声译，广西师范大学出版社，2005，第 1 页。

里程碑。因为文化权利和政治权利、社会权利以及经济权利一样，具有了独立的价值，被视为人类文明和社会文化发展进程的一个重要组成部分。1995 年，联合国教科文组织发布《我们具有创造力的多样性》。其中文化的繁荣被列为发展的最高目标，并强调文化的创造性应被视为人类进步的源泉和最宝贵的财富。进入 21 世纪后，保障人民的文化权利逐渐成为政府、学界及民间共同关注的重要问题。

西方马克思主义思想家安东尼奥·葛兰西在《社会主义和文化》中曾特别强调了文化权利的重要性。他认为文化"是一个人内心的组织和陶冶，一种同人们自身的个性的妥协；文化是达到一种更高的自觉境界，人们借助于它懂得自己的历史价值，懂得自身在生活中的作用，以及自己的权利和义务"①。因此，和经济权利及政治权利相比，文化权利是更高层次的权利，拥有不可替代的价值。在对公民人权的讨论中，经济权利是基础，政治权利是保证，文化权利是发展的最终目标。

尽管如此，当把社会、经济和文化权利放在一起讨论的时候，人们往往将重点放在前两者而忽视了最后的文化权利。曾任联合国教科文组织人权、民主与和平部主任的西摩尼迪斯认为，相比公民权利、政治权利、经济和社会权利，文化权利缺乏从实践范围和法律内涵进行明确具体的阐述。因此，文化权利也常常被学者戏称为人权中的"不发达部门"，是其他权利的"穷亲戚"②。相比政治权利、经济和社会权利，文化权利的内容

---

① 〔意〕葛兰西：《葛兰西文选》，李鹏程译，人民出版社，2008，第 5 页。
② 〔波〕雅努兹·西摩尼迪斯：《文化权利：一种被忽视的人权》，黄觉译，《国际社会科学杂志（中文版）》1999 年第 4 期。

和价值并没有受到应有的重视。

西摩尼迪斯认为，对文化权利的忽视不只表现在理论上，更表现在国家的实践上。西摩尼迪斯指出"没有哪个国家的宪法在列举了经济和社会权利之后，单辟一条来全面地阐述文化权利。在大多数情况下，宪法只提到受教育的权利"。① 而他恰恰没有注意到，在中国宪法第 47 条中明确规定："中华人民共和国公民有进行科学研究、文学艺术创作和其他文化活动的自由。"② 虽然并没有指明文化权利，但是文化权利所涵盖的内容确确实实受到我国宪法保护。

在中国，文化的概念与政治、经济的关系密不可分。中国长期以来对此的立场可从毛泽东在《新民主主义论》中对三者的关系的论述看出："一定的文化（当作观念形态的文化）是一定社会的政治和经济的反映，以给予伟大影响和作用于一定社会的政治和经济；而经济是基础，政治则是经济的种种表现。这是我们对于文化和政治、经济的关系及政治和经济的关系的基本观点。"③ 可见，将文化和政治、经济放在平等的位置上讨论，是社会进步的表现。

联合国教科文组织颁发的《我们具有创造力的多样性》中有这样一句话："脱离人或文化背景的发展是一种没有灵魂的发展。"人是文化的根本。因此，对于文化权利的尊重，也是对人本身的尊重。看一个国家、城市的文明程度是否高，关键要看

---

① 〔波〕雅努兹·西摩尼迪斯：《文化权利：一种被忽视的人权》，黄觉译，《国际社会科学杂志（中文版）》1999 年第 4 期。
② 新华社：《中华人民共和国宪法》，中华人民共和国中央人民政府官网，2018 年 3 月 22 日。
③ 《毛泽东选集》第二卷，人民出版社，1991，第 663~664、694 页。

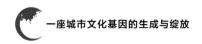

它的经济、社会和文化权利在这个国家和城市的人身上是否得到充分体现。而其中，文化权利是人类的经验核心，对实现可持续发展目标至关重要。

改革开放及市场经济的发展，让中国在近几十年迅速走上现代化的道路，同时也要求人们的思想观念转型。坚持"以人为本"的人文精神，发扬马克思主义的核心哲学理念，实现人的全面发展，将人的生存发展作为一切活动的出发点和最终归宿。而中国作为一个注重人的全面发展及人权自由的国家，将保障公民的文化权利列为社会发展和文化建设中的一环更是不可缺少的一步。

二 文化权利和公共文化服务

我国坚持把加强公共文化服务作为实现人民基本文化权益的主要途径，在党的十九届五中全会中通过的《中共中央关于制定国民经济和社会发展第十四个五年规划和二〇三五年远景目标的建议》中，更是明确提出"提升公共文化服务水平"的要求，要求着眼满足人民日益增长的精神文化生活需要，加快建设和完善公共文化服务体系，使文化民生得到显著改善，人民群众的文化获得感、满足感不断增强。[1] 文化建设需要为人民服务、为社会主义服务，坚持百花齐放、百家争鸣，坚持创造性转化、创新性发展，激发全民族文化创造活力，更好地构筑中国精神、中国价值、中国力量。满足人民精神文化需求，保

---

① 王晓晖：《提升公共文化服务水平（深入学习贯彻党的十九届五中全会精神）》，《人民日报》2020 年 12 月 30 日。

障人民文化权益，让人民共享文化发展成果，是我国社会主义文化建设的根本出发点和落脚点。

对于国家文化建设事业来说，保障文化权利不可或缺的助力，是配套全面的公共文化服务体系。以实现公民文化权利为出发点，满足社会公众文化需求，构建为公众提供文化产品和服务的支持性、综合性制度体系。

因此，当"文化"和"权利"被放在一起时，对于市民来说是一种依法得到的权力和利益，而对于城市建设者来说则是一份任重道远的职责和前进的目标。

在城市建设中，文化权利中的"文化"二字并不仅是形而上的缥缈概念，而是在城市空间中，渗透进日常生活中方方面面的便利。它可以是家门口的一场社区文化展览，是城市中心的交响乐演奏，是十字路口热心的"红马甲"，抑或是快节奏生活中那一方安静的读书角。它们形态多样，但共同的目的都是服务市民的文化生活，使"文化"这个看起来生涩的概念跨越物理或心理的门槛，成为身边触手可及的文化生活。

在城市空间举办一台多样的文化盛宴，不能缺少装载它的"八仙桌"。在城市的复杂结构中，这张"八仙桌"就是完善的城市公共文化服务体系。一套成功的公共文化服务体系，一方面能更好地营造城市良好的日常文化氛围，另一方面还能助力城市形成自己专属的文化名片。

放眼全球，世界上的戏剧院聚集地"伦敦西区"和"纽约百老汇"、世界三大电影节所在地——法国戛纳、意大利威尼斯和德国柏林，哪一个不是因为城市自身独特的文化设施和文化产品而闻名世界？在我国也有像是"千年瓷都"景德镇、"世界风筝之城"潍坊、"曲艺之乡"天津这样拥有鲜明文化特色的城市名片，这些都是和当地良好的公共文化服务体系分不开的。公共文化服务作为保障公民基本文化权利的主要载体，其首要目标就在于提供足够的文化基础设施和品牌文化活动。

有了便利舒适的文化设施，才能更好地吸引市民享受高质量的文化服务，参与欣赏文化成果。文化设施对一个城市的影响力可以有多大？英国艺术家卢克·杰拉姆早在 2008 年就曾发起了一个在城市中安装街头钢琴作为艺术装置的"Play Me，I'm Yours"活动，希望鼓励城市里行色匆匆的人们打破沉默，参与构建城市的文化环境。起初，杰拉姆只在英国伯明翰安装了 15 架公共钢琴，希望能引起市民注意。在放置钢琴的几周后，路过的行人从好奇到跃跃欲试，再到主动上前弹奏；而其他行人被陌生人的演奏吸引，驻足聆听。逐渐，整个城市开始被影响，以琴声为契机，开始交流并建立联系。

受这个项目启发，全球超过 70 个城市开始在其人流枢纽放置公共钢琴：城市的广场、车站、地铁站、集市和公园，都有它们的身影。

如今，伦敦人流量最大的火车站之一的圣潘克拉斯火车站，因为车站内的钢琴，被誉为"最动听的火车站"。这架钢琴吸引了形形色色的游客，有好奇的六岁孩童，年近古稀的老人，多年不曾弹奏钢琴的中年流浪汉，或手握公文包西装革履的上班族。每当路过钢琴时刚好来了兴致，他们就默默上前弹奏，琴声吸引了来自世界各地的行人驻足，有些随着琴声哼唱，有些欢快地起舞。一曲终了，演奏者鞠躬谢幕，随即匆匆汇入人流，而人群却还沉浸在音乐中，久久不能散去。可以说，一架钢琴带来的音乐成了激活城市的契机，唤醒了人们的文化创作和欣赏的欲望，构建了一个个现实中的"爱乐之城"。

对于年轻的深圳来说，这样的契机则可能是简单的一本书。深圳人用"以书筑城、以城筑梦"的口号表达了整座城市对阅读的痴迷。从 2000 年率先在全国举办首届读书月，到如今成为"全球全民阅读典范城市"，深圳每年的读书月活动风雨无阻，让阅读成为城市的习惯，成为深圳专属的庆典。

现在，读书月的组织者逐渐从政府主体转移到企业。每年的读书月主题由政府单位讨论确定，并提供支持；由城市大型文化机构、出版商和发行团体、社会组织、媒体、文化组织和非政府社会机构联合开展。真正将读书月做成了一个由整个城市共同参与、合作的盛事。

根据《2021 年深圳"图书馆之城"阅读报告》，截至 2020 年底，深圳共有图书馆 1012 个，包括 3 个市级图书馆，9 个区级图书馆，698 个街道基层图书馆和 302 个数字自助图书馆，完成了全市覆盖的图书馆体系①，给渴望阅读的市民提供了阅读的场所，交流的空间。深圳在全国最早实现"每 1.5 万人拥有一个社区图书馆"② 的目标。而由政府牵头、民间支持的文化沙龙，读书分享会，民间阅读组织也活跃在城市的每个角落，守护了一代又一代深圳人年轻而又执着的梦。

北京大学教授、作家谢冕在受邀参加深圳读书月活动时曾感慨，世上有许多不眠之夜，为读书而彻夜不眠的，只有深圳③。根据《2021 年深圳"图书馆之城"阅读报告》，深圳有阅

---

① 徐平：《〈2021 年深圳"图书馆之城"阅读报告〉发布》，中国新闻出版广电网，2021 年 4 月 25 日。

② 王京生：《全民阅读的深圳样本》，《光明日报》2019 年 4 月 24 日。

③ 翁惠娟、韩文嘉：《东方风来 书香满城 深圳持之以恒推动全民阅读建设学习型城市》，《深圳特区报》2019 年 11 月 7 日。

读行为的居民 2020 年平均阅读纸质图书 8.86 本、电子图书 12.13 本，日均阅读纸质图书的时间是 61.25 分钟。除此之外，深圳成年居民平均每周图书阅读率为 77.3%，相比起第十七次国民阅读调查中 59.3% 的全国图书阅读率，高出了 18 个百分点，① 真正将阅读变成了日常生活的一部分。深圳也实现了因阅读而成为受人尊重的城市的目标，变成了名副其实的"爱阅之城"。

阅读是人最基本的文化权利，当一个城市将尊重文化权利放在首位时，那么这个城市也会受人尊重。从"图书馆之城"的成功建设可以看出，深圳以阅读为契机构建普惠、便利的公共文化服务体系，并完成了对城市的全覆盖，有效实现了公共文化服务建设中的平等化，满足了公民的文化需求。

深圳的目标不止于此。除了建立"图书馆之城"之外，深圳也已成为"钢琴之城""设计之都""动漫基地"。从"文化立市"到"文化强市"，深圳在全国率先建立了市级、区级、街道和社区单位四级联动的公共文化服务体系，成为国家公共文化服务体系示范区。

城市给了人们生存的空间，完备的公共文化服务体系为人们提供了舞台，而文化活动则让人们有了更深层次的沟通。在此意义上，深圳用自己的成功证明了，公共文化服务体系作为实现公民基本文化权利的重要载体，对城市文化环境的改变发挥着至关重要的作用。

---

① 秦瑶、林冬雯、李福莹、王佳钰：《深圳人每年每天读书数据出炉，你达标了吗?》，深圳新闻网，2021 年 4 月 23 日。

三　文化权利的基本内容

近几十年来，实现公民文化权利成为我国重点建设目标。2021 年国务院发布的《国家人权行动计划（2021－2025 年）》，将文化权利纳入第一章的计划中。可见，文化权利在未来建设中必定是关键的一部分。那么，当我们谈论文化权利时，我们到底在谈论什么？

联合国 2019 年发布的《文化权利：十周年报告》对文化权利的探查中指出，文化权利覆盖广泛，如表达和创作，包括各种形式的艺术、语言、特征和属于多个不同和不断变化的社区，建立独特的世界观和追求独特的生活方式，教育和培训，享受、促进和参加文化生活，以及奉行文化习俗和获得文化遗产。①

要保证一个国家、城市公民的文化权利，首要任务是保证其享受文化成果的权利。文化权利是建立在人人平等的观念之上的一种权利，具有高度的普遍性，要求人人都有权利去享受文化成果。这几年全国推行对大众免费开放的公共文化场所，免费提供文学、戏剧、电影、歌舞等文化产品就是一个例子。

文化权利发展的另一目标，是维护每个公民获取文化成果的基本权利，给公民创造更多享有文化权利的条件。数年前，某城市图书馆曾因为维护流浪汉看书的权利登上新闻。当有人抱怨为什么要让衣衫褴褛的流浪汉进入图书馆这种文化场所时，时任馆长回应道："我无权拒绝他们来读书，但您有权离开。"

文化权利为每一个公民创造了文化享受的条件，平等是实

---

① 联合国大会：《文化权利：十周年报告》，联合国官网，2019 年 1 月 17 日。

现文化权利的基本内涵。它同时也有一种伟大的包容性，无论阶级、年龄、职位或社会身份，享受文化成果的路上不设有任何门槛，由一切人所共有。

此外，文化权利还包括参与文化活动的权利，即每一位公民都有权利参加文化活动。针对不同的人群，举办多样的文化活动，使每个参与者能各得其所，充分地参与到文化交流中，是保障公民文化权利的重要部分。

如果说从前的文化还停留在仅属于部分阶层，是高不可攀的高雅文化，那么到了现代社会，文化早已"走下神坛"，改头换面，成为"接地气"的服务于市民的活动。现如今，无论是建立社区文化馆，举办广场舞比赛，还是举办"高雅不贵"的话剧、音乐惠民活动，都已能提供老少皆宜、雅俗共赏的文化活动。历史证明了任何兴旺繁荣的地方都是文化最有活力和激情的地方。而人作为文化的载体，正是保证文化生命力不可缺少的力量。

提高公民的文化参与度对深圳这样的年轻而又多元的移民城市尤为重要。作为改革开放的前沿阵地，深圳在过去四十余年中迎接了成千上万来自天南地北、怀着梦想的打拼者，他们从"外来务工者"，在深圳开放包容的"来了就是深圳人"的城市文化中，逐渐成为无数深圳人中的一员。

人们在分享同一个社会身份时，也让深圳这座城市拥有比其他城市更丰富的文化多样性。因此，保障公民文化权利的首要目的就是要覆盖到所有的市民人群，让每一个市民都能在文化活动中找到"我是主角"的城市文化认同感，同时也能积极为城市文化发展建言献策。多方面促进公民对文化活动的参与，不仅能帮助形成良好的文化活动氛围，还能增加城市的凝聚力、传承城市精神。

同时，文化权利也包括文化创造的权利。高参与度的文化活动不仅带来文化交流，也能激发文化灵感。当文化交融激荡时，创造力和想象力也被激发，新的文化产品便有机会诞生。因此，只有保护公民文化创造的权利，文化才有生命力，才有发展和创新。

文化创造作为最能体现公民文化意识的方式，也是社会主义文化的重要内涵之一。创造从来都不是一个静止的过程，而是动态的、热情的、交互的。因此，提供一个高度自由的文化创造空间和鼓励机制对激发文化创造的热情至关重要，这需要调动集合社会资源，将创造的门槛压低，让每一位文化创造者的潜能都能得到充分发挥。

最后，保护文化权利离不开对知识产权的保护。保护个人文化艺术创造的成果，是对其文化权利的充分尊重和鼓励。如果文化成果不能得到保护，剽窃、假冒这样不道德的现象横行，不仅会打击文化创造的积极性，同时也会给整个文化市场带来不良的风气，更不利于知识经济的健康发展。因此，保护知识产权是保障文化权利不可或缺的重要部分。

对于知识产权的保护需要政府和文化界共同努力。无论是从道德层面约束，或是从法律层面进行监管，都需要切实保障人们享受、创造和参与的文化成果是正当且高质量的。只有这样，文化产业才能长久地发展，人们的基本文化权利才能得到维护。

总的来说，在文化建设中，唯有文化权利得到充分的实现，文化力量才能繁荣。只有当文化活动既能吸引社会各阶层人士积极参与，全体享受，又能让其乐在其中，才能激发创造热情、

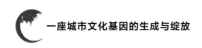

形成良好的创造环境，文化事业才能得到最大限度的发展，文化的智慧、包容、力量和创新的作用才能充分发挥出来。

四　市民文化权利的深圳实践

深圳是全国首个明确将"文化权利"引入地方文化建设的城市，文化权利对深圳有着更为深远的意义和启示。早在 2000 年首届深圳读书月，"实现市民文化权利"就被提出作为读书月的价值宗旨，并在后来成了深圳市的十大观念之一。而 2001 年第九届全国人大常委会才正式批准中国加入联合国的《经济、社会和文化权利国际公约》。可见，深圳提前一年就对文化权利做出了公开回应，意识领先全国，对标国际。

世界文化名城论坛秘书长保罗·欧文斯在谈到建立世界文化名城的关键的时候曾说："一定要深刻理解城市文化，理解各自城市独特的基因和代码。"对于一个城市来说，城市文化可能是一个看不见、摸不着、只能用心去感受的氛围，但深圳用一件件看得见、摸得着的实事将文化建设落地，实现市民的文化权利。

过去四十多年里，深圳作为改革开放的前沿阵地，不仅创造了举世瞩目的经济奇迹，还实现了从无到有的文化崛起，这与深圳在建设最初期对文化设施建设的重视是分不开的。

在改革开放规划初期，深圳就决定要在发展经济的同时建立文化设施，深圳图书馆、博物馆、深圳特区报、新闻文化中心、电视台、体育馆、大剧院、科技馆被列为建设重点。

梁湘同志曾抛下豪言壮语："勒紧腰带也要把八大文化设施建好。"这份勒紧裤腰带也要完成的决心，让深圳在三年内，就完成了八大文化设施。从此，深圳人有了阅读的地方，有了自己的文化传播空间和艺术、体育、科技文化场所。

踏入 21 世纪，越来越多的文化设施拔地而起，深圳也有了属于自己的中心文化风景线。在秀丽的莲花山下，城市中轴线的市民中心前，是由深圳图书馆、深圳音乐厅、深圳中心书城、市民中心和深圳少年宫组成的，让无数深圳人自豪的中心文化区。

全市 700 多个以社区、街道为单位的综合文化服务中心搭建在市民的家门口，基本实现"一区一书城，一街道一书吧"的公益性文化设施建设计划。① 而像南山书房、龙华书城、盐田灯塔书屋、龙岗客家小镇等新的文化打卡景点也吸引了无数市民的光顾，让每一个市民都能生活在"十分钟文化服务圈"中，让文化血液在城市的每一个血管中流动。

如今，对标国际一流文化城市，深圳又开始了建设新十大文化设施的计划，包括深圳歌剧院、深圳改革开放展览馆、深圳创意设计馆、中国国家博物馆深圳馆、深圳科学技术馆、深圳海洋博物馆、深圳自然博物馆、深圳美术馆新馆、深圳创新创意设计学院、深圳音乐学院。在构建城市文化新地标的同时，十大特色文化街区的建设也陆续启动，又一次掀起了深圳新文化设施建设的高潮。其中，深圳音乐学院已于 2021 年开始招生，其他几大文化设施和街区也将在未来几年内落地。这确确实实是只有"深圳速度"才能完成的创举。

深圳城市文化的蓬勃发展和近几年的文化产品的推新热潮

---

① 马君桐：《"图书馆之城"名不虚传 深圳公共文化服务走在全国前列》，深圳新闻网，2020 年 8 月 4 日。

密不可分。从 2017 年起，深圳开始在每年推出"文化菜单"，活动范围涵盖与国际接轨的西方古典音乐会、中国传统客家民俗表演、受年轻人喜欢的创意设计工坊和体育休闲活动。深圳市民得以变身饕餮食客，能迅速找到对自己胃口的"菜品"，大众的文化需求和文化权利被全方位地满足。

随着每年文化菜单的推出，深圳丰富多彩的文化节目安排也让深圳人重新定义了深圳独有的生活日历：一月新春会、二月魔术节、三月音乐季、四月设计周、五月文博会、六月摄影展、七月艺术周、八月图片展、九月科技影视周、十月帆船赛、十一月读书月和短片节、十二月建筑双年展和国际马拉松赛。其中，不乏像草地音乐节、深圳设计周、"一带一路"国际音乐季、WTA 网球赛这样在全国闻名或是世界级别的盛会。深圳的文化盛宴和国际接轨，和世界水准看齐，在组织高质量文化活动的同时，让深圳市民都能享受"月月有主题，全年都精彩"的文化生活新体验。

市场研究公司尼尔森的总裁凯尔文·瓦特曾在评估城市文创魅力的报告发布会总结道："飞速的经济发展或许能帮助城市吸引人的关注，但只有文化才是让人真正留下来的原因。"放到深圳身上，如果说经济特区的飞速发展引来了全国各地移民来寻求机遇，一展身手；那么如今让一代代深圳人留下来的原因，正是这个城市丰富的文化生活和开放、包容、交流的城市文化氛围。深圳在保证市民文化权利的同时，也呵护着这珍贵的精神连接，将来自五湖四海的陌生人都连接在了一起。在共同的文化构想中，和城市构成一个文明共同体。

城市建设丰富了文化，文化也守护了一座城的精神家园。即使在新冠疫情防控期间，保证深圳文化活动条件和氛围成了挑战，深圳的文化建设者也依然迎难而上，保证深圳文化窗口的灯火常亮，深圳文化生活不打烊。

2020 年全球新冠疫情初期，城市中的各大文化设施空间为了配合防疫，不得不关闭，而市民也为了减少不必要接触而待在家中。长时间待在家中的市民，难免产生无助焦虑之感。电影导演、作家斯蒂芬·金曾在他的社交媒体上感慨："如果你认为艺术家毫无用处，那就试着在没有音乐、书籍、诗歌、电影和绘画的情况下度过你的隔离期。"缺少精神生活的支撑，整个城市都笼罩着一份对疫情的恐惧和对未来复原日常生活的迷茫。为了鼓舞城市的士气，深圳文化机构以积极乐观的态度贡献着宝贵的文化力量。

以文聚力、以艺抗疫。在疫情防控期间，深圳文化馆联盟众多文化工作者一同策划的"我们在一起"抗击新冠疫情活动，制作出了以防疫为主题的培训视频、摄影主题展览和音乐影视舞蹈等文化作品，再通过线上的形式传递，保证了在特殊时期深圳的文化服务能通过云端送到市民的家门口，保证群众的文化需求能得到及时的满足。

在 2020 年 2 月，深圳交响乐团举办了以"英雄"为主题的空中音乐会，致敬奋战在一线的防疫医护人员。音乐会通过喜马拉雅 App，打破了物理空间的边界，通过网络传遍了整个城市、整个国家。除此之外，线上展览、线上音乐剧和线上图书馆也同步上线。市民可以在家中免费体验这些文艺产品，也由此重拾对生活的信心。

2021 年为了继续支持防疫工作，许多深圳务工者决定原地过年。而为了群众能在深圳过个好年、过个快乐年，在保证满足防疫要求的同时，福田区顶住压力举办新春艺术节，填补了深圳春节期间无演出的文化空白。从农历正月初一至正月二十五日，深圳音乐厅、深圳大剧院、福田文体中心等文化场馆和文艺工作者马不停蹄地共同呈现了包括传统文化和现代艺术的 32 场精品演出，线上同步直播，吸引了数十万观众。这份对文化的重视、渴求和热情，驱散了疫情长久以来带给城市的压抑气氛，弥补了众多务工者不能回家过年的部分遗憾，给新的一年开了一个好头。

良好的文化氛围感染着整座城市、激发着居住在这里的人的文化热情，这是一座城市文化软实力的体现。保证文化活动的开展，维护城市文化氛围，不仅能调动深圳人的文化主动性，同时也能吸引更多"未来深圳人"的加入。

实现公民文化权利是全社会共同的文化责任。对于政府来说，保护市民的文化权利，将保护文化权利变成民生工程，给市民带来城市归属感和生活幸福感，让深圳这个人文荟萃的年轻新生代城市的文化梦得以实现，是责任也是义务。而对于市民来说，只有自身文化权利得到充分的尊重，才会有享受的乐趣、参与的热情和创作的激情。

保障市民文化权利离不开政府的支持和市场的推动。守护市民文化权利，已成为深圳市政府文化建设事业的重要任务。深圳市文艺家协会作为政府和深圳文艺界的桥梁，带领深圳的文艺骨干人才，推动了包括音乐工程、美术工程、影视工程、文学工程等文艺工程建设，志在让深圳在文化创造方面"脱贫"，并在深圳文艺市场上展开积极的探索尝试，并制作了一系列以深圳为主题的原创作品。

文章合为时而著，歌诗合为事而作。深圳政府工程以发时代之先声为目标，创作了包括歌曲《中国一定强》、《在深圳湾眺望》、舞剧《追梦人》、报告文学集《深圳温暖》、散文集《奔跑的月光》等以城市为舞台，以深圳人拼搏、向上为主题的文化作品，丰富了深圳的创作题材。其中，深圳历时八年创作的音乐工程——儒家文化交响乐《人文颂》，开创了全球文化交流的崭新模式，被联合国教科文组织确定为"向世界推荐的文化音乐作品"。

除了政府牵头的艺术工程，由政府主办、社会各界共同承办的中国（深圳）国际文化产业博览交易会则是推动文化市场的重头戏。作为中国唯一一个国家级、国际化、综合性的文化产业博览交易会，深圳文博会被誉为"中国文化产业第一展"，吸引着全国各地的文化商品参展和海外采购商观展。它不仅是深圳文化建设的骄傲，还担负着推动中国文化产业走向世界的重要使命。

每年举办的深圳文博会，是全国文化领域的一大盛事。在这里创客云集，总能看到最前沿的文化创意和最前沿的科技创新产品。在这里，"文化＋科技""文化＋金融""文化＋创意"等文化产品和衍生服务琳琅满目。

与此同时，深圳文化产权交易所和深圳国家对外文化贸易基地更是为文化产业和市场建立了一个交易、投资和品牌孵化的平台。借此，全国文化产业的佼佼者都能通过深圳这个平台，将自己的文化产品、作品版权进行交易。深圳成为全国文化行业从业者面向世界的一个窗口，也为深圳本地的文化产业发展积聚了人才和文化势能，成了深圳文化建设、文化创新的活力源泉。而当文化市场繁荣、文化产品百花齐放时，保护知识产权、为文化成果保驾护航就成为不可回避的重要责任。

众所周知，深圳是知识产权申请大市。数据显示，深圳

2019 年 PCT 国际专利申请量已经到达了 17459 件，占全国申请总量的 30.74%，居全国大中城市之首。而在国际上，深圳的 PCT 国际专利申请公开量甚至领先纽约，仅次于东京。在文化创新生产的道路上，深圳走在世界最前沿。因此，对知识产权的保护就显得尤为重要。

保护知识产权是个棘手的问题，需要快、准、狠的监管方式与执法力度，以保证良好的文化知识产权环境。以往造假成本低，很多文化产业、文化创造者即使起诉了侵权行为，也无法制止这类行为再次发生。为了杜绝侵权事件，深圳在《深圳经济特区知识产权保护条例（修正案）》中大幅提高侵权法定赔偿额上限，增加犯罪成本，加大惩戒力度。

如今在深圳，知识产权事务已完成了高度的市场化、法治化和国际化。深圳成立了中国（深圳）知识产权保护中心，并先后在各区市场监管局设立分窗口，为企业和市民提供法律服务支持，联通国家海外知识产权纠纷应对指导中心，"一站式"解决群众的问题，保障文化成果受保护的权利。

在出台法律法规保证文化权利的道路上，深圳同样走在了前面。例如，在为推动全民阅读的路上，深圳敢为人先，成了全国首个出台条例为阅读权利保驾护航的城市。1986 年深圳在全国率先免费开放图书馆，1997 年在全国首次出台公共图书馆法律《深圳经济特区公共图书馆条例（试行）》。2019 年深圳出台了《深圳经济特区全民阅读促进条例》，成为全国首个将阅读纳入地方性法规的城市，保障市民阅读权利，给全国推动全民阅读打造了样板。在深圳的带头示范下，浙江宁波、温州等城市紧随其后，也提交了促进全民阅读的相关条例。在此意义下，深圳起到了领头羊作用。

　　曾有人问，深圳凭什么被联合国称为"全球全民阅读典范城市"？或许当他看到了一个城市，举政府和民间在内的全社会力量，共同维护阅读权利，将阅读当作城市的一部分时，他才会明白，深圳得到这个称号是实至名归。

　　喀布尔国家博物馆大门上有题词："当一个民族的文化存在着，这个民族就存在着。"放到城市来说也是一样，当一个城市的文化存在着，这个城市的精神力量和底蕴就存在着。而城市的文化与市民的参与和创造密不可分。

　　实现公民的文化权利，是决定一个国家、一个城市发展成败的重要环节。当政治和经济都得到一定的发展时，文化权利就成了开启和谐社会的一把钥匙。一个市民能高度实现文化权利的城市，其文化也一定会持续繁荣。

　　从这点来看，对深圳"文化沙漠"的笑谈早已成为过去。深圳用过去四十多年的时间，用开放、包容、阅读、创新、科技等成功的品牌文化名片和文化创造力交出了一份满意的答卷。在构建城市文化时，深圳从各方面夯实城市的文化基础，更新城市文化生态，增加城市的文化魅力，从而提升了城市文化的综合竞争力。

　　在对文化权利的保障和落实上，深圳已然是先行者。如今，深圳又被赋予了一个新的称号——"东方文化新坐标"，也被赋予了更加伟大的使命。深圳要将视野投向世界，在建设文化设施和文化品牌活动中，参与国际竞争，展现中国风采和深圳气质，成为全球文化标杆城市。让世界能看到，深圳不仅能在经济发展上创造奇迹，而且在文化建设、保证文化权利方面拥有更伟大和更崇高的追求。

五　文化主权

（一）文化主权的内涵

意大利政治学家安东尼奥·奈格里和美国学者麦克尔·哈特提出，全球化已经导致了一个新的帝国的出现，而这个帝国的核心就是主权。他们从欧洲的内在性主权和先验性主权两种现代性主权观念入手，勘察欧洲现代性危机的思想痕迹。奈格里和哈特认为，这个新帝国的出现带来了主权的复兴。这个主权不是传统的以政治和军事为核心的国家主权，而是传统国家主权的边缘性主权——文化主权，是对政治、军事等核心性主权的反动，即不再是由政治和军事主权来规定文化主权，而是以文化主权来规定政治和军事主权在全球化时代的边界。

1. "文化主权"概念的提出

晚清以来的中国国家危机表现为深刻的文化危机，这使文化主权成为中国学者不可回避的严肃思想主题。20 世纪 90 年代，一些国内新锐的国际政治学者开始思考当代意义的文化主权问题。王沪宁于 1994 年在《复旦学报》上发表了《文化扩张与文化主权：对主权观念的挑战》一文，指出霸权主义者在进行扩张时，从来都不只是单纯运用军事或经济手段，而是非常自觉地把军事、政治、经济与文化手段并用，并致力于用西方的价值观念来改变世界。①

---

① 王沪宁：《文化扩张与文化主权：对主权观念的挑战》，《复旦学报（社会科学版）》1994 年第 3 期。

近年来，国内学界涌现出众多有关文化主权的研究文献。总体而言，相关研究呈现以下两种范式：其一是从国家主权的内容分类角度来分析文化主权，提出文化主权是和国家政治主权、军事主权、经济主权并列的主权内容；其二是从文化产品贸易入手，论述文化主权和国家文化安全之间的关系。但是，上面两种文化主权的范式论述要么是主权内容说，依附于传统的国家主权理论，要么是依附于国际贸易理论，还缺乏在文化政治理论上的自觉性。

2. 作为文化自觉的文化主权

传统国家主权理论中的文化主权意在强调国家主权的内容，即文化主权是和政治主权、经济主权、军事主权类似的主权的某个部分，这是分类学意义上的主权。我们提出的"文化主权"，强调的主权则不仅仅是一个外交词语，它不只是国家领土完整、领事裁判权等国际法意义上的主权，而且是政治哲学和文化认同意义上的主权，即主体性的最高自我认识和自我确证。[①] 所以，文化主权的内涵是国家和民族集体拥有的文化权利，是国家、民族尊严和文化认同的依归，是国家主权的精神支撑和思想内核。这一意义上的文化主权涉及一个民族和国家的核心价值观、传统文化及其特色，包括文明形态、文化遗产、民俗风情等，同样包括文化保护权、文化发展权、文化话语权等。

作为一种新的主权理论，文化主权强调主权的最高表现形式不是国家实力的支配，而是韦伯所说的"文化领导权"，或者

---

① 张旭东：《全球化时代的文化认同：西方普遍主义话语的历史批判》，北京大学出版社，2005，第 92 页。

"文明领导权"。正如有的学者所提出的，国家主权之所以是国家与宪政理论的重要内容，并不是因为如社会契约论者所想象的那样它是社会契约的执行者，而是因为它是施展文明力量的最重要的载体。

文化主权具有不可让渡性，是一个民族和国家的集体文化权利。从其定义可见，它强调要从主权的角度来认识一个国家和民族的文化问题，以凸显其国家和民族文化的政治意识。从文化自觉的角度看，文化主权是指一个国家和民族的文化自觉，是从主权角度来考察一个民族国家的文化自觉意识之构成。中国的现代化最终是文化的现代化，没有文化的现代化，中国的现代化就不可能达成，因为现代化最终要落实到人的现代化，而文化是人存在于社会的意义之网。

3. 文化主权与核心价值观

中国文化的当代复兴，不仅在于它要在全球文化政治版图中重新确立自己的独特个性并恢复自信，将继续维系中华民族的内在统一，更在于它在参与世界文化价值体系建构的过程中，以自己的核心价值观及其所代表的国家软实力为"和谐世界"建设做出贡献。

文化主权作为一种文化自觉，不仅关系着中国文化的当代复兴，同时与民族、国家的核心价值观紧密相关。

首先，文化主权是一个国家和民族文化自觉的产物。一个国家和民族具有国家主权并不一定就具有文化主权，例如，亨廷顿考察的那些"无所适从的国家"和民族就是如此，它们由于缺乏本国和民族的文化自觉，结果因没有文化认同而陷入无所适从的困境，找不到自己的未来，文化主权自然也就无从说起。

其次，一个国家和民族的文化自觉的形成，必须依靠现代人文社会科学的思考方法，其中最基础的方法就是主权思考的方法，即通过主权思考文化。一个国家的主权构成其文化自觉形成的"技术支架"（海德格尔语），离开主权思考就难以完成文化自觉。

最后，在前两者的基础上，文化主权是民族多样性文化和世界普遍性文化相统一的前提。没有民族文化的多样性，就不可能有世界文化的普遍性。反之亦然，没有世界文化的普遍性，我们也就无从理解民族文化的多样性价值。这个文化的普遍性不是讲在民族文化多样性之上的另一种特殊性文化，而是各民族文化在相互交往过程中形成的"重叠共识"（罗尔斯语）。它包含在各民族文化产生之初对世界的思考当中，也就是各特殊性的民族文化的普遍性的那一面。

在这种普世的文化共识基础上，对本民族文化的深刻认知和文化发展意识，是我们提出文化主权的基础。因为只有在这个基础上，我们才能在新一轮的全球性文化竞争当中，有立于不败之地的文化先决性条件。

（二）深圳为什么关注文化主权

国家文化主权最终是落在城市上的，大的中心城市是国家文化主权的集中体现，也是国家文化主权的符号化象征。在全球化时代，中心城市之间的直接对话日益频繁，而城市本身也越来越成为国家文化发展的重要支撑点甚至是基本载体。

深圳是我国最早对外开放的经济特区，如今肩负着建设中国特色社会主义先行示范区的重任，是拥有重要地位、肩负重要责任的中心城市，理应自觉研究和关注国家文化主权。从纵向上看，深圳关于文化主权的探索与中华民族的文化选择探索一脉相承，走在中国特色社会主义文化发展道路的前沿，不断开拓文化强国战略的城市实践新途径；从横向上看，深圳是多元文化相互交融的舞台，其文化探索直接而鲜明地反映着"文化选择"的核心问题，引领着我国文化道路在未来探索中的新方向。正因如此，深圳的文化探索具有重要的现实意义。

1. 深圳是国家文化主权的一张"名片"

在经济全球化不断深入的大趋势下，国家之间综合国力和软实力的竞争越来越是通过城市，尤其是中心城市的竞争来实现的。2020 年，深圳全市地区生产总值达 2.77 万亿元，经济总量跃居亚洲城市第五位。① 从经济体量来看，深圳已然是我国的中心城市之一。

回首深圳城市发展的历史，政治、经济改革的成功，对文化发展都有着重大的促进作用。同时，深圳凭借高度的文化自觉在文化发展上不断探索、锐意进取。四十多年前，深圳尚是一个封闭落后的边陲小镇，南方谈话为深圳带来了发展契机，深圳的文化基因从此被激活。2003 年，深圳在全国率先确立"文化立市"的发展战略，较早提出把文化产业打造成支柱产业的目标，这是深圳文化发展史上的一次重大选择，对深圳文化的发展起到了至关重要的作用。2008 年，联合国教科文组织授予深圳"设计之都"称号，深圳成为我国第一个设计之都。2011 年，深圳又将文化创意产业作为战略性新兴产业予以重点

---

① 深圳市人民政府办公厅：《2021 年深圳市人民政府工作报告》，深圳政府在线（深圳市人民政府门户网站），2021 年 5 月 25 日。

扶持，深圳腾讯、华强动漫、华侨城、雅昌等诸多文化品牌从无到有、从小到大、从国内走向海外，同时还有很多文化品牌在不经意中落地生根。2013 年，联合国教科文组织授予深圳"全球全民阅读典范城市"称号。2016 年，深圳出台的《深圳文化创新发展 2020（实施方案）》，把以文化创新为基础，融入创意、技术的文创城市功能塑造提到战略高度，深刻影响并极速提升了深圳的国际化地位和形象，增加城市向上生长的力量；2019 年，《中共中央 国务院关于支持深圳建设中国特色社会主义先行示范区的意见》赋予深圳"城市文明典范"的战略定位，并敦促其致力构建高水平的公共文化服务体系和现代文化产业体系。①

深圳在文化建设的道路上步履不停，"设计之都""全国文化体制改革先进地区""全国文明城市"等称号实至名归。经过四十余年发展，年轻的深圳正日益走向成熟，时间已将其洗礼成为靓丽的样板城市。

2. 深圳是国家文化主权的一颗"试金石"

作为一座从无到有的新兴城市，深圳的文化实践可谓从 0 到 1，这种创造性的实践过程让深圳的文化独树一帜，不仅打破了"文化沙漠"的刻板印象，更是国家在城市文化建设中落实文化主权的独特尝试。深圳的"十大观念""文化＋科技"模式等，已成为深圳实践国家文化主权的重要载体。

深圳较早提出"维护国家文化主权"的理念，推动深圳在中华文化走向世界历程中有新的更大作为。这也彰显出深圳是

① 《中共中央 国务院关于支持深圳建设中国特色社会主义先行示范区的意见》，中华人民共和国中央人民政府官网，2019 年 8 月 18 日。

一座有着高度文化自觉的城市，这种自觉长期贯穿在城市文化发展的方方面面。2008年，深圳出台了全国第一个文化产业促进条例，并陆续发布了10余项文化产业政策，激发了文化产业发展的活力。2011年，深圳以大运会宣传为契机，以"宣传中国、展示深圳"为主题，向外国官员和运动员提供了充足的外宣品，精心设计了10条采访线共27个采访点，引导1600多名中外记者参与采访，制作深圳城市形象宣传片，选择全球范围覆盖面最广、影响力最大的电视媒体CNN作为核心传播平台高频次播出，全球收视率覆盖17亿人次。2016年，深圳出台《深圳经济特区全民阅读促进条例》，是国内阅读推广领域第一部条例形式的城市法规，从战略高度明确了全民阅读对城市未来发展的意义。

深圳开创了"文化+科技""文化+旅游""文化+金融"等文化发展新模式。深圳的文化发展一直努力寻求跨界，积极与高新科技、金融、创意有效融合，极大拓宽了文化的原有边界，使文化在跨界发展中爆发出巨大的创造力，使得文化在向全社会扩张中体现出生生不息的活力。2018年，深圳与中国建设银行合作，启动文化银行建设，对文创企业特别是中小微企业提供专业化、精准化的金融信贷支持，配套绿色金融通道服务，助推新型文化企业成长壮大。而深圳文交所作为国家级文化产权交易和投融资综合服务平台，其文化金融业务中的中国文化产权登记备案平台已为2000余个各类文化产权类项目及资产提供了登记备案等综合服务，服务文化企业达1500余家；同时，艺术金融业务推出了五大艺术品交易平台，其中"文版通"业务日平均交易额500万元，深圳的文化平台在跨界融合中日渐完善。① 弘扬国家文化主权是深圳城市文化发展的重要内容。新尝试、新平台的背后是深圳积极践行国家文化主权的切实行动。

弘扬国家文化主权，是在吸纳世界优秀文化的基础上确立中华文明的主体性地位，不断拓展国家的影响力，在世界范围内"唱响中国声音""讲好中国故事"。这促使深圳在城市文化发展和中华文化走向世界的历程中有更大作为。可以说，深圳的国家文化主权实践，是当今深圳文化活动、文化演变的重要组成部分，也是多年来深圳文化能够取得令人刮目相看的成就并主动担当起发扬国家文化主权的一种文化自觉和自信。

3. 深圳是国家文化主权的"桥梁"

在新的形势下，国家赋予深圳的任务是参与国际竞争、成为全球标杆城市。拥有世界眼光，才能担当国家使命。世界上很多重要城市，其文化设施和文化品牌活动，往往代表着国家形象、国家利益和国家立场。深圳以文化为媒，为国际文化交流架构起一座座桥梁。

国家文化主权的维护和发展，常常以民族传统文化为支撑、以价值创新为动力、以文化话语权为主要标志。当今，自我封闭、自说自话的文化传承、文化生产难以为继，不同文化之间交流、碰撞和融合是发展大势。在这种交流、碰撞和融合中，代表国家文化主权的文化话语权至关重要，这是全球化背景下保证国家和民族主体文化可持续发展的必要条件，舍此不能发扬光大国家和民族的核心价值，不能保证先进文化的前进方向，

---

① 翁惠娟、林洲璐：《文化产业强势崛起 创新发展路径清晰——深圳文化产业探索"质量型内涵式"发展之路》，《深圳特区报》2019 年 12 月 3 日。

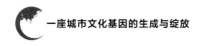

不能保障民族的尊严和国家的神圣。

美国著名城市研究者刘易斯·芒福德说："城市是文化的容器。"综观国际上国家之间的综合国力和软实力竞争，往往以中心城市的文化软实力竞争为基本单元。那些世界性的超级大城市群，代表了国家意志，代表了国家竞争的软实力。

美国的纽约音乐节，每年几百万各国音乐爱好者参加，城市变为舞台，在公园、广场、街头，你可以看到现代街舞、传统意大利歌剧等音乐流派和各种表演艺术形式，纽约仿佛就是一个"世界文化俱乐部"。美国文化大熔炉的精神气质在纽约音乐节上展现得淋漓尽致。英国的伦敦设计节，是全球最具影响力的设计大事件之一，展示伦敦作为世界设计之都的实力和魅力，为全球设计业提供交流平台，使伦敦成为最有创意的城市之一，其创意产业产值已超过金融业成为第一产业。世界文化的广集博引，激活了沉寂多时的英国，使昔日的世界中心再度显现出无限活力，也为其赢得了"世界卓越的创意和文化中心"的声誉。

秉持经济合作与人文交流共同推进的理念，深圳博采众长，一直以积极主动的姿态参与国家的对外文化交流。深圳的"一带一路"音乐季，展示、融汇了"一带一路"沿线 64 个国家和地区在音乐领域的特色和亮点，通过音乐开展不同文化之间的对话、沟通和认同，为消除歧解、凝聚共识、增进友谊、营造共同繁荣发展的环境发挥作用、做出贡献，这就是深圳作为改革开放前沿城市在贯彻国家倡议上展现的一种文化担当。

深圳华强方特公司出品的《熊出没》系列动画从 2012 年开始在"一带一路"国家广泛发行。为适应"一带一路"沿线多个国家和地区不同的语言文化环境，在创作时同步译制成英语、俄语、印度语、西班牙语、葡萄牙语、意大利语、法语等多个语种，先后进入俄罗斯 Karusel、中东 IRIB、新加坡 PCCW、印尼 MNCTV、土耳其 SHOWTV 等多个国家电视台和主流平台播出，动画电影也陆续在多国上映。《熊出没》以中国故事为桥梁，以传递中国正能量为目标导向，将"一带一路"沿线国家和地区人民的情感联系在一起。以"熊出没"为代表的深圳品牌也为宣扬国家文化主权进行了有益的探索和实践。

2020 年，深圳发布了《深圳加快建设区域文化中心城市和彰显国家文化软实力的现代文明之城实施方案》。这份旨在打造"文化创新发展 2020"升级版的"实施方案"构建六大体系，其中包括"国际文化交流中心"。这足以说明深圳充分重视对外文化交流在文化主权中发挥的重要作用，通过推动国际性的文化交流，可以把握世界文化脉动，弘扬中华文化价值，有助于中华文化走出去、对外传播中国文化价值观。

深圳这座开放的城市，在东西文化、内地与港澳文化以及中国和海外文化的交流当中发挥着桥头堡作用，汇聚了各种资源。① 贝聿铭曾说过："人类只是地球上的匆匆过客，唯有城市将永久存在。"中心城市的文化作为一个国家文化最集中、最有竞争力、最有活力的载体，在参与国际文化交流、对话全球主流文化、加强文化话语权方面发挥着领航性、桥梁般作用，越来越成为国家文化战略的重要支撑点甚至基本载体。

（三）深圳与国家文化主权的弘扬

文化主权的实践不仅关乎中国和平发展战略中的文化战略

---

① 谢湘南：《从"文化沙漠"到"文化枢纽"深圳实现跨越式发展》，《南方都市报》2018 年 5 月 16 日。

构想，更关乎中华民族在全球化时代的文明命运。国家文化主权，就是在吸纳世界优秀文明的基础上确立中华文明的主体性地位，通过国家文化主权的彰显来拓展国家利益。

当前，我们力图通过国家文化主权，不断增进中国的文化认同，逐渐扩展中国文化的对外影响，提升中国文化在世界文化价值体系中的地位，实现中华民族伟大复兴。推动中华文化走向世界是建设社会主义强国的应有之义。而特区深圳有一种担当，有着弘扬国家文化主权、主动担当文化强国探路先锋的强烈使命感。在推动中华文化走出去的历程中，深圳既有高屋建瓴的战略，又有切实可行的实践路径，还有独具特色的文化期许，形成了一套崭新的文化理念体系，思想的解放与行动的务实交相辉映，推动着文化改革发展实践。

1. 深圳文化战略，一路破冰前行

在当今的"文化战略时代"，我们看到，很多国家和城市越来越重视文化发展，纷纷制定文化发展战略，甚至把文化发展战略作为社会整体发展战略的核心。而文化战略要解决的是文化发展的根本问题，是文化选择、文化道路、文化归宿问题。这个问题无论在中国还是在世界，都始终是重要关切点。

深圳作为我国第一个经济特区，作为在国家战略中拥有重要地位和责任担当的中心城市，在其推动城市文化发展过程中，始终确立将城市与整个中华民族的文化命运紧密结合在一起的远大的抱负[1]。这背后离不开深圳始终坚持的"文化立市"战略，即把文化立市战略作为跨世纪发展的基本战略。

---

[1]　王京生：《国家文化主权的城市担当》，《中国文化报》2014 年 6 月 25 日。

为什么我们能够立足深圳文化实践来谈国家文化战略？这主要源于深圳的特殊地位和使命感。深圳毗邻港澳，在经济发展、社区建构、移民文化等方面勇于探索实践，是工商发达之地，也是文化昌盛之地。深圳在首次提出"文化立市"战略时并没有局限于深圳自身的文化到底能发展成怎样的规模或特色，而是着眼于深圳在中华文化复兴中应当扮演什么样的角色。从2003年在全国率先确立"文化立市"战略，到确定文化在发展战略全局中的突出位置，再到2012年树立"文化强市"目标、2015年发布并实施《深圳文化创新发展2020（实施方案）》，深圳始终把文化发展作为最重要的战略任务之一，努力当好国家文化改革发展的领头羊，寻找更可持续的发展动力，把城市的文化发展与国家的文化主权紧密联系。因此，弘扬国家文化主权，对于深圳这样一个年轻的、充满创新精神、具有远大抱负，并且承担着国家改革开放历史使命的城市，更具有使命意义和担当精神。

从"文化立市"到"文化强市"，深圳的文化战略贯穿始终，各个行政区文化建设全面发力，帮助深圳的文化蓝图逐一实现。福田区，从2002年仅1个公共图书馆、3万册藏书到2016年正式获评国家公共文化服务体系示范区（广东省唯一获此殊荣的行政区），成为城市文明典范的创新发展样本。南山区，作为深港文化原点和改革开放先锋，始终以坚定铿锵的步伐紧随特区号召，从深圳湾畔的边陲小镇一路高歌，迅速成长为科技强区、创新高地、"中国百强区"第一名，为城市发展带来了强大的文化吸引力、凝聚力、创新力。宝安区，乘改革开放的东风，迅速崛起为全国经济中心城市、现代化国际城区，积极参与国际一流人文湾区建设，争当先行示范区排头兵。① 除此以外，还有盐田区、光明区、罗湖区、龙华区、龙岗区、坪山区等行政区，他们都在深圳文化战略布局的潮流中灿然蝶变。

在 2019 年 8 月，《中共中央 国务院关于支持深圳建设中国特色社会主义先行示范区的意见》发布，提出了高质量发展高地、法治城市示范、城市文明典范、民生幸福标杆、可持续发展先锋五大战略定位，此时的深圳肩负着更大的责任与使命。作为先行示范区，深圳需要在更高起点、更高层次、更高目标上推进改革开放，更有战略性地实施粤港澳大湾区战略，以此率先探索全面建成社会主义现代化强国新路径，为国家的文化主权弘扬提供有力的实践参考和理论支撑。②

深圳坚持走"文化战略"发展道路，创造了文化发展的奇迹，成为改革开放新时期的城市文化样本，为世界提供了探索文化发展的崭新经验。这不仅是深圳的使命和光荣，更是中国和平崛起的国家战略需要，是中国作为大国崛起的责任所在。

2. 文化理论，一股磅礴的力量

文化积淀是国家和民族的根本凝聚力，我们之所以叫中华民族，最根本的是我们有共同的根脉、共同的文化价值理念。深圳在改革开放四十多年的文化实践中认识到：文化不仅是积淀的结果，也是流动的结果。文化流动是文化的本质特征，文化传承是纵向的流动，文化碰撞融合是横向的流动。

当前城市间的文化竞争，不仅表现为文化积淀即文化存量

---

① 甘利英：《文化深圳 40 年，赞！》，《中国文化报》2020 年 10 月 15 日。
② 新华社：《中共中央 国务院关于支持深圳建设中国特色社会主义先行示范区的意见》，中华人民共和国中央人民政府官网，2019 年 8 月 18 日。

之间的竞争，更表现为文化增量之间的竞争。虽然文化积淀可以决定一个地方的历史厚度，但不能完全决定未来的发展广度和深度。以史鉴今，凡工商业发达之地，文化必于此流动、汇聚、生发、繁荣。

因此，深圳本土产生的学术著作《文化是流动的》提出"文化流动理论"，在学界和文化理论研究界引起了较大反响，更为处于文化边缘地带的深圳文化的快速发展给出了一个令人信服的理论依据。"文化是流动的"奠定了深圳文化发展的理论基石。作为只有四十多年历史的年轻移民城市，深圳坚持把"文化流动论"作为城市文化建设的理论基础，不断吸纳、汇聚、融合来自五湖四海的灿烂文化，依靠文化发展顶层设计和文化创新实践，在增强文化话语权上做出积极的探索。文化的流动性本质要求城市文化的发展必须要在促进文化流动上做文章。①

首先，树立全新的文化资源观。文化的跨地域流动决定了文化资源的世界性流通。就深圳而言，如果从文化资源的历史既存看，远远比不上国内众多历史文化名城，但深圳还是产生了巨大的文化影响力，主要原因在于文化的流动性使深圳成为国内领先的文化旅游城市和文化创新之都。深圳的世界之窗作为著名缩微文化旅游景区，将法国的埃菲尔铁塔、澳大利亚的悉尼歌剧院、非洲的肯尼亚野生动物园等世界奇观有机组合，建设了一个属于深圳的 5A 景区，创新性地发挥了不同地域的特色文化资源。

---

① 　王京生：《促进文化流动 聚焦文化创新——文化强国之路的深圳探索》，《光明日报》2021 年 4 月 13 日。

其次，增强文化流动的经济推力。一个区域文化的流动不仅取决于文化的传播和创意产业的生产能力，也深受该区域物资流动、人员流动、资金流动、信息流动的影响。大力营造有利于物资、人员、资金、信息等要素流动的营商环境，是深圳文化得以快速发展的原因之一。深圳活跃的市场经济为文化产业的发展提供了良好的平台，深圳每年用于扶持文化产业、公共文化服务的专项资金很多，还有丰富的民间资本投资文化产业，把文化的各种要素、文化资本有效地投入价值洼地，在政策扶持、市场培育、硬件建设、人才引进等方面苦下功夫。

最后，培育文化的创新能力。例如深圳市龙岗区引入社会力量活化利用文物的举措，就为文化创新释放持久的生命力提供了有利条件。城市文化之间的竞争与较量，在很大程度上依赖于各自的文化创新能力。文化繁荣发展的可持续动力是新的文化创造，例如，洛杉矶因为好莱坞发达的电影业而被公认为世界电影之都。人口仅 30 余万人的好莱坞却拥有迪士尼、派拉蒙、华纳兄弟、哥伦比亚、环球影业等超过 1000 家电影公司。好莱坞还通过幻想世界的创造和美好梦境的编织，向全世界输出以"美国梦"（American Dream）、宗教文化（Religious Culture）、普世主义（Universalism）和个人英雄主义（Heroism）为核心的美国主流价值观。可以说，好莱坞电影业的文化创新力是洛杉矶成为世界电影之都的重要力量源泉。

正因为有"文化是流动的"理论，深圳才有胆识率先提出"实现市民文化权利"，进而提出"国家文化主权"思想，从而推动中国文化走向世界。正是由于文化流动所形成的磅礴力量，推动着像深圳市这样的新兴城市后来居上。一个有趣的现象是：历史上许多新兴城市都曾被戴过"文化沙漠"的帽子，但这顶帽子阻挡不了新兴城市文化发展的步伐，也阻挡不了其中一些城市成为区域性或国际性的文化中心。

3. 深圳，用行动浇灌"文化绿洲"

在"文化立市"的战略引领下，深圳的文化行动一直走在时代的前沿。那么，深圳究竟用什么"文化"来"立市"呢？

2004 年创办的"文博会"以博览和交易为核心，全力打造中国文化产品与项目交易平台，促进和拉动中国文化产业发展，积极推动中国文化产品走向世界，被誉为"中国文化产业第一展"，截至 2021 年已成功举办 17 届，成为中国文化走出去的大平台。文博会的分会场从第一届时的 1 个（大芬油画村）发展到第十七届的 67 个。近年来，每年分会场成交额均占总成交额的 45% 左右。可以说，文博会主会场为中国文化走出去提供了交易展示平台，而分会场又拉动了深圳本地文化产业发展。

2020 年，受全球新冠疫情影响，深圳创造性地将第十六届文博会办成"云上文博会"，其文创力量引人注目。深圳各区展团携众多高成长性优质文化企业、创新文化产品亮相，汇聚"文化＋科技""文化＋创意""文化＋金融""文化＋旅游"等"文化＋"产业发展新模式、新业态、新成果，其跨界成果不仅成为深圳文化产业新的增长点，更有在变局中开新局的"非凡精彩"，有力推动了现代产业体系进一步完善。

深圳的文博会对中国文化"走出去"起到了重要的支撑作用并提供了重要平台。如今，文博会仿佛是中国文化产业发展质量的"晴雨表""风向标"。从每年一届的文博会中可以听到中国文化产业发展的铿锵足音，也看到国家对文化产业日益重视以及文化产业在整个国民经济当中地位的提升。

而深圳历时 8 年创作的大型儒家文化交响乐《人文颂》，借助西方交响乐的形式与表现手法，开创了以艺术形式凝固民族国家核心价值并在全球交流展示的崭新模式，被联合国教科文组织确定为"向世界推荐的音乐作品"。

《人文颂》将仁、义、礼、智、信分别作为一个乐章，并缀以序曲与尾声，配以合唱，用音符、乐章和人声描摹中华文化浓厚的人文关怀、深邃的人生智慧和高尚的生命境界。《人文颂》还用构成世界万物的五种基本元素："金、木、水、火、土"来分别对应孔子的五种做人信念，如用广阔宽厚的土地对应仁慈的心灵，用熊熊燃烧的火焰表达正义的温暖与强大，从而赋予思想以音乐和形象的力量。① 以音乐为媒介，在不同文化环境中进行对话交流，是深圳在贯彻国家倡议上的又一种文化担当。

截至 2020 年，深圳已有 88 座国际友城，246 个创意伙伴城市。如文博会、《人文颂》这样有号召力、有品牌影响的大型国际活动正在逐渐丰富，并带着"深圳的声音，中国的话语"一步一步走出国门。

除此以外，深圳把文化产业作为支柱产业予以大力扶持，设立文化产业发展专项资金并加快文化产业园区建设，引导深圳文化产业探索出"文化 + 科技"等崭新发展路径，一大批高科技含量、高文化含量的新兴文化科技产业成为推动中国文化从深圳启航的中坚力量：腾讯 QQ 和微信改变了国人交流方式，成为中国最大的互联网综合服务提供商，其用户更是遍布全球各地；华强原创动漫输出到 100 多个国家和地区，文化科技主

---

① 胡秋蝉：《庆祝深圳经济特区建立 40 周年舞台艺术精品展演——〈人文颂〉》，深圳之窗，2020 年 8 月 25 日。

题公园出口到南非、乌克兰等国，环幕立体电影系统及影片打入美国等 40 多个国家；第七大道科技公司与 70 多个国家的运营商进行合作，游戏产品覆盖 128 个国家和地区，有近 1 亿海外用户。他们彰显了推动中华文化走出去的"深圳力量"。这也说明只有拥有了强大的文化产业，才能在国际上赢得更大的发展空间，掌握话语权，在世界范围内推广中国价值观和中华文化。

　　文化主权作为国家和民族集体拥有的文化权利，涉及一个民族和国家的核心价值观、传统文化及其特色。深圳改革开放四十多年的实践探索是"国家立场"的"深圳表达"。深圳的文化流动和主导趋势既是历史前进的继续，也是国际交流的集合，集中体现为城市文化发展道路的实践探索。文化担当是深圳发展的题中应有之义，在如今机遇与挑战并存的时代趋势之下，深圳更应主动承担起推动中华文化走出去的使命，实现"国家立场"的"深圳表达"，维护国家文化主权。

六　小结

　　文化权利与文化主权，是相辅相成、互为因果、相互交融的，只有辩证对待，才能切实有效地促进文化的顺畅流动和文化事业的快速发展，任何厚此薄彼、顾此失彼的行为都是对文化创新与发展积极性的打击，应当努力避免。

　　纵向看，深圳关于文化主权和文化权利的探索与中华民族探索的文化选择一脉相承，走在中国特色社会主义文化发展道路的前面，不断开拓文化强国战略的城市实践途径；横向看，深圳是多元文化相互交融的舞台，其文化探索直接而鲜明地反映着"文化选择"的核心问题，引领着中国文化道路在未来探

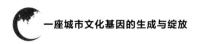

索中的新方向。正因如此，深圳的文化探索具有重要的现实意义。

文化主权与文化权利体现了文化的核心价值观和传统文化的特色，处理好二者之间的关系是一个团队、一个组织、一座城市乃至一个民族、一个国家至关重要的问题，也是守传统、促发展不能绕过去的问题，必须认真对待。

第五章

智慧型文化

任何具有生命力的文化，必然是充满智慧的文化。历史哲学和近代社会科学重要奠基人维柯说："智慧是一种功能，它主宰我们为获得构成人类的一切科学和艺术所必要的训练。"①美国著名哲学家怀特海也曾说，一个民族，只有热爱智慧，才能获得智慧，凡是不重视智慧培育的民族，是注定要消亡的。一个城市的智慧水平，不仅决定了这座城市所能达到的文化高度，也决定着其文明程度的高低。智慧型文化是城市凝聚力和城市人文精神的重要体现，是一个城市充满生机活力，创造新的传统、活的文化的重要表征。构建一个科学、人文精神浓厚的学习型、智慧型社会，已成为当今城市的普遍共识和自觉追求。

智慧是生命所具有的基于生理和心理器官的一种高级创造思维能力，是日常生活中认识、分析、判断、创造、思考的能力。智慧型文化是文化的精华，如"退以求进，舍以求得""话不多，气不盛""君子爱财，取之有道""穷莫失志，富莫癫狂"等就是智慧型文化的具体体现。

知识是一个人、一座城市、一个民族、一个国家创新的力量源泉、智慧基础，以知识为基础的发展战略正在不断积累着进步经验，为智慧型文化创造条件、提供内容、形成支撑。

---

① 〔意〕维柯：《新科学》（上册），朱光潜译，商务印书馆，1989，第172～173页。

　　智慧型文化以追求理性为旨归，张扬人之理性，基本特征是崇尚知识、崇尚理性、崇尚科学。具有生命力的文化必然是充满智慧的文化，智慧含量与理性水平决定其所能达到的文化高度，是文明程度和可持续发展能力的重要表征。

一 智慧：古希腊与古代东方的理解

智慧是人类共同追求的目标和境界。东西方文化中对智慧的理解有相通之处，如梵语中的"般若"即"智慧"，指超越世俗虚幻的认识，把握真理的能力；古希腊哲学家赫拉克利特则称"智慧就在于说出真理"。古代中国对智慧的理解与古希腊有较大差异，人们往往赋予智慧更多"道德"意义，多指人生智慧或治理国家的智慧。

古希腊的智慧观经过荷马时代、古风时代、古典时代和希腊化时代的发展，形成了多层次的丰富内涵，其中有代表性和创造性的观点很多。赫拉克利特认为，"爱智慧的人必须熟悉很多很多东西"，但"博学并不能使人智慧"。[①] 苏格拉底提出，"德性即智慧"，"知识即智慧"。柏拉图将智慧列为希腊城邦四大美德之首，认为"智慧就在于真实的思想"，理智是智慧的。亚里士多德则认为，智慧高于技术和科学，"智慧是知识与理智的结合"。[②]

古希腊人对智慧的追求深刻影响着人类的思想，因为"爱智慧"，"哲学"应运而生。正是因为对智慧的探究精神反映于希腊精神生活的各个方面，理性代替了幻想，智慧代替了想象，哲学得以产生。

在东方，老子认为人的智慧在于合"道"。何为"道"呢？

---

① 〔古希腊〕赫拉克利特：《赫拉克利特著作残篇》，《西方哲学原著选读》，商务印书馆，1981，第26页。

② 〔古希腊〕亚里士多德：《大伦理学》，《亚里士多德全集》（第八卷），徐开来译，中国人民大学出版社，1992，第289页。

老子说："上善若水，水利万物而不争，处众人之所恶，故几于道。"儒家也把智慧与水联系起来，说"智者乐水"。这种智慧，超越一切思维定式和习性滞碍，使人成为真正的自由解放者，从而成为超常、创新的不竭源泉；这种智慧，使人成为一切自然力和必然力的驾驭者，从而获得"无为而无所不为"的无限力量。

古希腊智慧观与东方智慧观一道，成为我们今天思考智慧型文化的重要思想来源。

二　知识、科学与理性

1. 智慧型文化是一种相对于蒙昧、盲动的文化形态，它的一个基本特征就是崇尚知识

人类自走出蒙昧就一直崇拜知识的力量，如苏格拉底一直倡导"认识你自己"，认为人之所以有智慧，是因为他们有知识，主张"知识即智慧"。即便是在欧洲中世纪，也有托马斯·阿奎那对知识的经典颂赞：除了知识和学问外，没有任何东西能在人的灵魂和精神中，在他们的认知、想象、观点和信仰中，建立起至高无上的王者统治。弗朗西斯·培根也说，知识就是力量。

随着 20 世纪八九十年代全球经济一体化步伐的加快和现代信息网络技术的发展，继农业经济和工业经济以后，诞生了建立在知识和信息的生产、分配和应用之上的新型经济。城市决策者和城市管理者越来越清晰地认识到，只有强化"以知识为基础"的"知识城市"建设，才能促使城市全面升级，赢得竞争的主动权并确保城市的可持续发展。知识城市作为一种全新的城市可持续发展理念已进入国际城市发展的视野，并作为一种全新的城市发展战略为世界所认同。在世界各国，越来越多富有活力和创新性的城市将知识城市作为其核心发展战略。

知识是国家或城市创新的源泉，也一直是国家或城市智慧的重要基础，以知识为基础的发展战略正在不断创造着国家或城市进步的新经验，为智慧型文化创造条件、提供内容、形成支撑。

当然，知识不等于智慧，智慧高于知识，没有智慧引领的知识，只能是一堆沉重的包袱，松散、沉闷、无神。智慧也与聪明有别，聪明不分是非好恶，是一种工具层面的思维技巧或灵活的思维反应，智慧则与高尚的道德修为和强烈的正义感本质相关，且往往具有"大智若愚"的特点，思想深邃，高瞻远瞩。

2. 智慧型文化以追求理性为旨归，张扬的是人的理性。这是智慧型文化最重要的特征

理性作为智慧型文化的关键词，首先代表着一种未来导向的文化心态。雅各布斯引用阿姆斯特朗的观点指出，信奉"理性"和信奉"神话"是两种不同的导向。"文化惧外主义往往是社会自文化强势转为衰败之后续。有人很恰当地称这种主动自加的隔绝为堡垒心态。阿姆斯特朗视之为从信奉'理性'（logos）转至信奉'神话'（mythos）：理性是一种未来导向的心态，'永远追寻着以期了解更多，并扩展能力范围与对环境的控制'；神话则是一种保守主义，总是回头找寻基本教义信仰的引导，并引以为世界观。"①

---

① 〔美〕简·雅各布斯：《集体失忆的黑暗年代》，姚大钧译，中信出版社，2007，第16页。

当我们从"理性"与"神话"对立的视角审视历史时，一些历史的变迁或转折就可能获得较为合理的解释。例如，贾雷德·戴蒙德在分析新月沃地和中国为何先后失去对欧洲的巨大领先优势时追问："法斯·达·伽马率领他的 3 艘不起眼的小船，绕过非洲的好望角向东航行，使欧洲开始了对东亚的殖民。为什么中国的船只没有在伽马之前绕过好望角向西航行并在欧洲殖民？为什么中国的船只没有横渡太平洋到美洲西海岸来殖民？简而言之，为什么中国把自己在技术上的领先优势让给原先十分落后的欧洲呢？"①

戴蒙德在寻找这些问题的答案时，注意到 1433 年（明宣德八年）中国朝廷官僚两派党争导致船队出海远航的突然中断、船坞的拆除和远洋航运的禁止这一偶然因素的作用，以及中国长期统一和欧洲长期分裂的影响。

雅各布斯则从文化的角度做出反思，他认为："中国的这个错误转折，固然看似偶发无常，却带来了丧失科技领先以及同时缩进堡垒心态的双重打击。在中国这个例子里，放弃'理性'而换得的'神话'就是儒家思想，它是远古一位圣人留传下来的智慧和社会遗产，中国人认为它蕴涵了待人接物处世行为所需的全部准则。"②

雅各布斯的这些话语，对我们在发展智慧型文化中如何处理传统文化，以及确定文化发展的取向等方面可以有所启发。

由此可见，智慧型文化的基本特征就是崇尚知识、崇尚科

---

① 〔美〕贾雷德·戴蒙德：《枪炮、病菌与钢铁：人类社会的命运》，谢延光译，上海人民出版社，2006，第 464 页。
② 〔美〕简·雅各布斯：《集体失忆的黑暗年代》，姚大钧译，中信出版社，2007，第 18 页。

学、崇尚理性。任何具有生命力的文化，必然是充满智慧的文化，城市的智慧含量和理性水平决定了其所能达到的文化高度，是城市文明程度和可持续发展能力的重要表征。

三 工具理性与价值理性

理性作为智慧型文化的关键词，其内涵中既包括工具理性，也包括价值理性。

1. 工具理性

自启蒙运动以来，"理性"伴随着西方社会全方位的发展过程。马克斯·韦伯对理性问题进行了深入的研究，理性构成了其科层制理论以及基督新教与儒教、道教进行比较的核心概念和立论基础。韦伯认为，工具理性的到来是历史过程的本身运动，资本主义现代化是一个不断理性化的过程，或者说是一个不断工具理性化的过程；它以工业革命和科学技术为代表性特征，通过工具理性促进现代经济和社会的发展。事实上，在西方现代社会形式中，工具理性在文艺复兴和宗教改革后出现的现代科学技术乃至后现代主义文化形式中，一直占据着主导地位。工具理性作为人类理性的基本形式，从其实质上讲属于精神领域，是人类智慧型文化的重要内容。

工具理性属于外在的、行动的智慧，主要体现为对技术产品的重视和偏好，反映人与物的关系，是智慧型文化的物质性、自然性内涵，表现为以科技手段打造智慧城市、数字政府，提高办事效率等。如深圳高科技产业一直领先全国。数据显示，2020 年 1~11 月，深圳全市高新技术产业实现产值 25454 亿元，同比增长 3.3%；实现增加值 8909 亿元，同比增长 3%。预计

2020年全社会研发投入占地区生产总值比重达4.93%，保持全国领先；国家高新技术企业有望突破1.8万家，是"十二五"末期的3倍，居全国城市第二位。PCT国际专利申请量保持全国城市首位，深圳国家高新区排名稳居全国第二位。① 深圳被誉为"中国最互联网的城市"，互联网普及率位居全国第一；深圳率先实现5G独立组网全覆盖，成为全球5G第一城。智慧型文化崇尚知识和技术传统。在中国传统文化中，历史上曾一度存在着重视价值理性而轻视工具理性的倾向，重视关于道德价值的知识，轻视工具意义上的科学技术。中国传统文化这种以"求善"为旨趣的"伦理型文化"，与西方文化源头之一的古希腊以"求真"为目标的"科学型文化"路数不同。在现代化的过程中，张扬工具理性，弘扬科学精神，推动传统文化的现代性转型，已经成为大家的共识。

2. 价值理性

这属于内在的心灵智慧，主要体现为对社会精神和人类伦理的重视，是智慧型文化的精神性、社会性内涵。如深圳打造"两城一都"，坚持"深圳读书月"22年，人均购书量连续保持全国第一，"市民文化大讲堂""关爱行动""创意十二月"等品牌蓬勃发展，努力建设"深圳学派"，实施"学术名家计划"，形成求学问道和求真、求善、求美的良好风尚。

价值理性也是推动人类进步、造就重大发展变革的思想武器和伟大动力。法国哲学家孔多塞在《人类精神进步史表纲要》中指出，历史是人类理性觉醒的产物，是人类理性不断解放的

① 《深圳国家高新技术企业数、高新区排名均居全国第2位 4.93%！研发投入占比全国领先》，《深圳商报》2021年1月7日。

过程。西方的文艺复兴、启蒙运动、宗教改革三大运动，强调人的主体性和理性，使人们对人和世界有了新的认识，并确立了近代社会的基本原则：以人为本，理性主义，宗教宽容。从此，欧洲迎来了新的思维方式，理性的人文精神成为近代西方工商业文明的文化基础。现代西方文明起步于 17 世纪的英国工业革命，但现代文明首先是文化价值观念的革命性变革引发的，而文艺复兴时期的人道主义价值观乃是这场新文明运动的革命旗帜和理论先导。马克斯·韦伯提出的"诚实、守信、勤奋、节俭"的新教伦理精神培育了现代资本主义，这种新的价值理性对于资本主义趋利动力的导引，成为西方现代文明发展的重要精神力量。

在中国传统文化中，儒家讲天人、佛家讲色空、道家讲有无，儒家以执中贯一、佛家以万法归一、道家以抱元守一，无论是倡导积极入世的儒，还是出世的佛、超世的道，其学说主张中的核心理念虽相互有别、各有所长，但若深究之，则相互间有共通之处，同声相应、同气相求，由此构建了中华文化传统中价值理性的最高原则，反映在中国人社会生活中各个方面。智慧型文化所展现的价值理性，一方面强调智慧文化作用于社会生活的重要性；另一方面，强调人不能完全崇尚物质主义，人要有净化灵魂的追求，强调内在的人格力量，要有对客观世界发展变化的高屋建瓴的认识。人之存于天地间，就如苏轼在《赤壁赋》中所言："盖将自其变者而观之，则天地曾不能以一瞬；自其不变者而观之，则物与我皆无尽也。"这实际上就是在探讨文化中的智慧问题。

人类文明对价值理性的追寻，在雅斯贝斯（也译作雅斯贝尔斯）所称的"轴心期"表现得最为突出。在轴心期，东西方的圣贤们从不同的角度对人类的地位和前途提出了独到的看法，形成了各自不同的文化传统，深深地影响着人类的生活，逐步走出了不同文明的发展道路，成为人类文化的重要精神财富。"直至今日，人类一直靠轴心期所产生的思考和创造的一切而生存。每一次新的飞跃都回顾这一时期，并被它重燃火焰。"①

在西方，古希腊的"理性"哲学思想与古代以色列诞生的基督教"启示"传统，在中古欧洲汇流，构成了西方文明的主体。经过顽强的努力，基督教渐渐占据了西方文明的主导地位。历经文艺复兴、宗教革命、启蒙运动和工业革命，希腊文化、基督教伦理、现代科学主义构成了现代西方文明的共同价值基础。

在东方中国，古代中国的儒、道文化与佛教构成了东方文明的主体。自东汉末年佛教传入中土，汉魏以降佛学与儒家和道家经过"三家争胜"到"三教合一"交流、融合的历史嬗变，终成中华传统文化之洋洋大观。经历"诸子蜂起，百家争鸣"，儒家、道家、法家等传统完成奠基，其后世传流的经典，大都于这个时期整理、创制和成形，并出现第一个高峰。随后，"罢黜百家、独尊儒术"确立以儒家学说为主流，历经两晋玄学、隋唐佛学、宋元明清的理学、心学、朴学竞相勃兴，儒家思想成为中国社会长期以来的主流社会意识。儒家思想具有强烈的人文主义色彩，强调人的价值，凸显人的主体性；强调"仁义礼智信"的核心价值；强调人"与天地合其德，与日月合其明，与四时合其序"，与自然万物相和谐。道家力倡"道法自

---

① 〔德〕卡尔·雅斯贝尔斯：《历史的起源与目标》，魏楚雄、俞新天译，华夏出版社，1989，第 14 页。

然""法天贵真""回真返璞""致虚守静",强调清静、无为、素朴、玄同等"圣德"而成至人、真人,追求的也是人的自然本性的光大。佛家讲究缘起性空,初传入中国时,援引玄理玄智阐扬"佛性",弘扬道体之根本的"般若"智慧(实质上也是讨论"心性论")。至隋唐这一佛学在中国发展的黄金时代,发展创立了净土宗、天台宗、华严宗、唯识宗等不同宗派,并通过不断中国化的过程,直至唐代形成禅宗主流。宋代之后,佛学的闪光哲学思想被儒家广泛吸收,最终全面完成中华传统文化"三教合一"的重大思想融会工程。

可以说,儒释道在各自价值内核上的大体一致性,决定了它们之间的融合吸收过程。当然,其间的融会历程相当复杂和漫长,甚至还出现过互不相容的颉颃、争斗和反复,但在中国传统文化的天人关系、人性内在修炼、人生本原等根本问题上,儒释道三家逐步相互吸收、互证和融合,使儒家、道家与佛教文化的融会贯通成为必然。比如,儒家的"仁义礼智信"之五常,讲的是人以何为本;道家讲"道"的准则,所求"玄同于道"的人生智慧;佛学讲的崇尚光明、净化心灵、救世济民、普度众生,是教人解悟人生、处理人际关系的人生哲学和智慧,基本精神正是人的心性修养。正是儒释道三家在价值理性上的大致同一性,造就了中华传统文化重"人"性、重和合、讲求"天人合一"的基本特质,构成中国社会的普遍准则和价值理性传统。这是中国传统文化中的大智慧。

城市因为知识、理性而充满智慧,城市文化也因为智慧而充满力量。

四　小结

理性乃智慧之要，既外含工具理性，也内含价值理性。工具理性属外在的行动智慧，要在行动、旨在"求真"，主要体现为对技术产品的重视和偏好，是人与物的关系的反映，是智慧型文化的物质性、自然性内涵，表现为以技术手段改造世界以利人需；价值理性属内在的心灵智慧，要在心灵、旨在"求善"，主要体现为对社会精神和人类伦理的重视，是人与心的关系的反映，是智慧型文化的精神性、社会性内涵，表现为以思想为动力推动人类进步。

重价值理性、轻工具理性将导致技术落后，重工具理性、轻价值理性则易导致道德沦丧，只有既坚持工具理性、弘扬科学精神，又注重价值理性、人类伦理，二者齐头并进才能促进城市或国家的全面发展。

第六章

包容型文化

包容是一种古老的人类智慧，浓缩人类对人与自然、人与社会、人与人之间关系的认识的精华，是东西方文化共同拥有的思想范式。

包容型文化是一种具有包容心态和性格的文化，其最基本内涵是认同不同的文化享有同等的地位和发展机会，既有"海纳百川"的气度，又有"厚德载物"的襟怀，不因主张一种东西存在而排斥其他东西。是否包容与文化本身的兴衰休戚相关，不同文化的广泛存在，相关的文化模式、追求目标和生活方式的异质特征，特别是不同团体、群体或民族的集体记忆及其价值观差异的客观存在，即使在当今全球化时代，都没有因为经济和技术的强大力量而被同质化趋势消解，反而在层出不穷的地缘政治冲突中凸显，只有包容精神及其思维方式才能解开文化异质性的死结。

包容的关键在于开放、宽容、多样、对话，只有真正具有开放心态，一个城市、一个民族、一个国家才能形成多元并存的文化格局，才能影响和塑造出具有宽容意识的国民或市民。开放的心态拒斥狭隘的地方主义，反对固守传统，不会崇拜历史积淀，使整座城市具有超强的文化适应能力，善于接纳各种外来文化，善于兼收并蓄、博采众长，各种文化、各种人群都能在一个具有良好开放心态和文化亲和力的城市找到适合自己的生存空间；只有真正的宽容心态，才能对各种异质文化兼收并蓄，没有排外意识，不打压新奇的观念，不歧视独特的生活方式，容忍和鼓励怀疑、批判、求异、创新等文化观念和思维方法，并有对创新失败的宽容；正因为文化间的差异才会有丰富多彩的文化多样性，差异的直接结果就是多样性的新生，文化因多元而可爱，不因单一而高贵，尊重文化的多样化，百花齐放、百家争鸣，就可以让想象力和智慧充分迸发；包容不是简单的多种文化共存的过程，而是各种文化在好奇、倾听和对话中相互欣赏、学习、交流乃至吸引、交融的过程。

包容虽然很重要，但绝不是无限度的。包容并不是简单地和平共处，一切都好。在整个文化生态之中，有些积极的东西必须让其发扬光大，而有些消极的东西必须加以抑制、适时摒弃。即使是在包容之中，也要注意到社会文化体系的构成中是有主流和非主流之分的。

一　包容的意义

　　在中国，《周易》曰"地势坤，君子以厚德载物"，地势是顺着天的，君子效法地，增厚美德，包容万物，这是中国文化中包容意识的深刻表达。《国语·郑语》载史伯曰"和实生物，同则不继"，《尚书·君陈》说"有容，德乃大"，《论语·子路》言"君子和而不同，小人同而不和"，《礼记·中庸》云"致中和，天地位焉，万物育焉"，佛家讲"无缘大慈，同体大悲""是法平等，无有高下"，等等，与中国古人常说的"海纳百川，有容乃大"一样，也都处处散发出宽厚包容的精神。

　　在西方，"包容"的希腊语 stego，有"紧紧遮蔽""以遮掩来保护""维持""支持"的意思。14 世纪，"包容"一词就在法语里出现，本义是指对于某种自己不赞成的事物，出于宽厚、忍耐而表示容许、容忍，并不加以禁止、阻碍或苛求。《布莱克维尔政治学百科全书》对"包容"的解释是，指一个人虽然具有必要的权利和知识，但是对自己不赞成的行为也不进行阻止、妨碍或干涉的审慎选择；"包容是个人、机构和社会的共同属性"[1]。

　　在当代，1997 年印度学者克里斯南（G. S. Krishnan）基于印度实践提出包容式创新概念。2007 年亚洲开发银行首次提出"包容性增长"概念，2007 年 10 月世界银行发表《释放印度的创新：迈向可持续和包容性增长》报告，"包容性"也是联合国

---

　　[1]　参见刘长乐《文化交融与文明对话中包容的智慧》，第十届罗德文明对话论坛主旨发言，2012 年 10 月 4 日。

千年发展目标中提出的观念之一。2010 年开始，中国政府大力提倡"实现包容性增长"和"包容性发展"，将"包容性发展"理念纳入未来发展思路。倡导包容性发展、增强内生动力已经成为当代中国重要的发展理念。

狭义的包容性发展包括发展主体的全民性、发展内容的全面性、发展过程的公平性、发展成果的共享性等要求。广义的包容性发展则主要包括：所有人机会平等、成果共享；各个国家和民族互利共赢、共同进步；各种文明的互相激荡、兼容并蓄；人与社会自然和谐共处，良性循环等。无论是哪种意义上的包容性发展，其背后支撑都是包容型文化理念。

在文化上，联合国教科文组织的相关国际文书中形成了一系列与包容相关的理念。1966 年联合国教科文组织大会通过《国际文化合作原则宣言》，宣称"每一种文化都有必须予以尊重和维护的尊严和价值"，"每一个民族都有权利和义务发展自己的文化，而所有文化构成属于全人类的共同遗产的组成部分"。鉴于全球化和世界网络的兴起，1995 年《宽容原则宣言》则重新提出了"接受我们的差异"的问题。2001 年通过的《世界文化多样性宣言》宣称，文化多样性是"人类共同遗产"，"在互信和互谅的气氛中尊重文化多样性、宽容、对话与合作"是"国际和平与安全的最大保障"之一。

包容对人类发展之所以具有如此重要的意义，一方面是因为不同文化的广泛存在，及其相关的文化模式、追求目标和生活方式的异质性特征，特别是其中不同团体、群体或民族的集体记忆及价值观的差异的客观存在。即使在当今全球化时代，这些异质性特征都没有因为经济和技术的强大力量而被同质化趋势消解，反而在层出不穷的地缘政治冲突中凸显得更加明显。

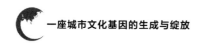

只有包容的精神及其思维方式，才是解开文化异质性死结的不二法门。

另一方面，包容精神的存亡与文化本身的兴衰休戚相关。比如，中国文化强盛之时总是充盈着包容精神，先秦两汉与大唐盛世莫不如此。但当这种精神被遮蔽时，文化的力量就会随之散失。正如有学者指出："宋元以来政治领域专制主义的成熟乃至趋于极致，逐渐侵蚀了包容性文化的根基，而代之以绝对主义的色彩。如果说董仲舒'罢黜百家、独尊儒术'的主张还只是专制主义在统治思想方面一元化的滥觞，而其后的千余年间统治阶级并未在文化领域的专制上表现出太强的积极意愿的话，那么随着宋代理学的盛行及其影响遍及整个汉字文化圈，整个政治体系对于多元文化的容忍度则确实在相当一段时间内不断降低。当封建专制主义迎来明清时代的历史最高峰时，也使中国文化的包容精神受到了最严重的抑制，文化体系与时俱进的活力最为萎靡，同时也是整个华夏文明开始逐渐落后于世界潮流之时。"①

包容型文化是一种具有包容心态和性格的文化，其最基本内涵是认同不同的文化享有同等的发展机会和地位，这种文化有海纳百川的气度，更有厚德载物的襟怀。在文化心态上，既表现为对各种异质文化的兼收并蓄，对人和事都没有排外意识，也表现为包容有差异的文化观念和思维方法，不打压观念上的新奇，不歧视生活方式上的独特。它永远不只主张一种东西存在，而排斥其他东西。某种时候，我们会看到，不明智的管理

---

① 韩冬雪：《论中国文化的包容性》，《山东大学学报（哲学社会科学版）》2013年第 2 期。

者采取强制性的手段甚至摧毁性的方式，只允许一种文化行为存在，而将其他的文化都置于扼杀之列，这等同于政治上的专制暴君和战争中格杀勿论的鲁莽武夫，是非常愚蠢的。

二 开放、宽容、多样性与对话

包容型文化的关键词包括：开放、宽容、多样和对话，这四种要素在包容型文化的形成中具有重要作用。

1. 包容型文化与开放是天然盟友

一方面，开放的观念，开放的社会，开放的资源、要素、人才市场可以不断凝聚文化的能量；另一方面，开放的城市品格和良好的开放心态，可以为观念、文化、技术的交流提供自由的空间。开放的思想加上开放的市场和开放的社会，可以使一个国家或一座城市始终保持胜人一筹的智慧。奥巴马之所以自豪地称美国是"一个仅被自己想象力的边际限制的国家"，其中一个重要原因就是美国作为一个移民大国的开放性，开放使美国能够汇集全世界各种族的聪明才智，形成集体力量，这是一种典型的包容性力量。

实际上，只有真正具有开放心态，一个国家或一座城市才能形成多元并存的文化格局，才能影响和塑造出具有宽容意识的国民或市民。开放的心态拒斥狭隘的地方主义，反对固守传统，不会崇拜历史积淀，使整座城市具有超强的文化适应能力，善于接纳各种外来文明，善于兼收并蓄、博采众长。各种文化、各种人群都能在一个具有良好开放心态和文化亲和力的城市找到适合自己的生存空间和生活天地，开放和亲和力打造出的不会是一种狭隘的地域文化，而是开放包容的多元文化。

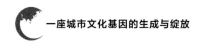

2. 包容型文化具有良好的宽容意识

美国学者迈克尔·沃尔泽在《论宽容》一书中对宽容的解释是："①对他者的开放和好奇；②愿意倾听和学习；③在这个光谱的更远处存在一种对差异的热情支持；④如果差别被看作在文化形式上代表了上帝的创造和自然界的伟大和多样性，这是审美认同；⑤如果差别被看作人类繁荣的必要条件，如自由派的多元文化主义论证的那样，这是功能性认同。"[①]

容忍和鼓励怀疑、批判、求异、创新等文化观念和思维方法。在创新的层面上，包容型文化特别表现为对失败的宽容。伏尔泰说，我不赞成你的观点，但我捍卫你说话的权利。这是对宽容的最精到的表达。

文化宽容的程度在相当意义上决定着社会发展和人类文明进步的水平。人类并不能时时做到宽容，如房龙所言："从最广博的意义讲，宽容这个词从来就是一个奢侈品，购买它的人只会是智力非常发达的人——这些人从思想上说是摆脱了不够开明的同伴们的狭隘偏见的人，看到整个人类具有广阔多彩的前景。"[②]

联合国教科文组织世界报告《着力文化多样性与文化间对话》认为不宽容的原因是文化定型观念的普遍存在。"定型观念是一个团体划分'异'己的方式，而且含蓄地肯定了自己的优越性。定型观念带来的危险是对话可能触及差异就骤然停止，

① Michael Walzer, *On Toleration*, New Haven, CT: Yale University Press, 1997, pp. 10－11. 译文转引自〔加〕贝淡宁、〔以〕艾维纳《城市的精神》，吴万伟译，重庆出版社，2012，第220页。

② 〔美〕亨德里克·房龙：《宽容》，迮卫、靳翠微译，三联书店，1985，第396页。

而这种差异可能导致不宽容。"①

3. 包容型文化坚定承认文化的多样性

包容型文化的存在以承认差异为前提。文化之间确有差异，正因为有了差异，才会有丰富多彩的文化多样性，差异的直接结果就是多样性的新生。理查德·威尔克在《学会在贝里兹本地化：共同差异的全球系统》一文中就说过："这个崭新的全球文化系统促使差异的发生而不是压制它……全球化的结构，组织了所有的差异性，而不是在世界各地复制出整齐划一的事物。"②

文化因多元而可爱，不因单一而高贵，尊重文化的多样化，百花齐放、百家争鸣，就可以让想象力和智慧充分迸发。多样性可以通过多种指标测量，根据佛罗里达的研究，同性恋人数指标、波希米亚人数指标、熔炉指标、多元组成指标等共同构成多样性指标。多样性有利于智慧的凝聚和成长，可以提高一个城市创造和吸引智慧的能力。一个城市的文化越具有多样性，对知识、创意和人才就越具有吸引力，就越能形成智慧、创新、城市与人之间的良性循环。

正是因为对差异和多样性的承认，包容型文化也是一种具有混杂特征的文化。混杂性融合不同的文化，以新形成的文化来抵抗旧的文化，并不断创造出不稳定的文化形态，即异质的、不连续的、革命性的文化形态。混杂性在文化流动中实现智慧

---

① 联合国教科文组织世界报告：《着力文化多样性与文化间对话》，联合国教育、科学及文化组织，2010，第41页。

② Wilk，R. 1995："Learning to Be Local in Belize: Global Systems of Common Difference". In D. Miller (ed.), *Worlds Apart: Modernity Through the Prism of the Local*, London: Routledge, p. 118.

的凝聚、碰撞与新生。在当代文化实践中，混杂性以一种复杂的方式或模式持续存在并发挥着影响。如法国社会学家弗雷德里克·马特尔在解读《纽约客》时说："它代表着'交叉'（类型的混合），悉心地破解着'主流'文化，它用人们喜闻乐见的方式论及精英文化或者高品位的文化，在这里被称作'雅文化'。在这座位于时代广场的大厦中，我们的确处在美国文化模式的十字路口，艺术与娱乐混合在一起，文化与商业的边界趋于模糊，风格类型的混合成为规范。"①

4. 包容型文化主张并重视文化间的对话

包容并不是一个简单的多种文化的共存的过程，而是各种文化在好奇、倾听和对话中相互欣赏、相互学习、相互交流乃至相互吸收、相互交融的过程。

埃伯哈德在《通过文化间对话重新发现教育》一文中将能够倾听、对话和好奇视为跨文化的基本能力，其中，好奇是"一种被差异触动的能力"，是一种"主动开放"，是一种"持续不断地发现"，"承认他人不是一个需要填补的真空，而是需要去发现的宝库"。倾听是"有体验地产生共鸣"，是"体验另一种文化，接受其他文化的真理"。对话"天生就是发自与他人和我们自己内部的共鸣"。②

关于文化间的对话，联合国教科文组织世界报告《着力文化多样性与文化间对话》指出三层具有指引作用的意思。

第一，"一切文化间对话应当依据的前提是，所有文化都

---

① 〔法〕弗雷德里克·马特尔：《论美国的文化——在本土与全球之间双向运行的文化体制》，周莽译，商务印书馆，2013，第4页。
② 转引自联合国教科文组织世界报告《着力文化多样性与文化间对话》，联合国教育、科学及文化组织，2010，第45~46页。

是——而且始终都是——处于不断演变之中，而且是整个历史上外部和内部多重影响的结果。"① 这就是说，文化的流动性是文化之间可以对话的依据。

第二，"决定不同文化间对话成功与否的与其说是对他人的了解，不如说是灵活的认知、共鸣、减少焦虑和在不同参照体系之间转换的能力。"② 这就是说，相互理解的能力决定文化间对话的成功率。

第三，"我们不再以固定和单方面的方式来感知他人时，真实对话的潜力就会显著增加：我们将开创从仅仅是固定立场之间的妥协，转向在新发现的共同点上实现相互充实的可能性。"③ 这就是说，重"求同"，轻"存异"，可以扩大文化间对话的空间，开拓更广阔的对话前景。

人类文明演进到当下，现代化、全球化的天下大势，在基于文化认同的地缘政治冲突中仍然显得十分脆弱甚至不堪一击，包容型文化的精神在经济全球化、文化多样性的时代尤其显得珍贵。

当然，包容固然特别重要，是我们的一个基本原则，但也不是无限度地都去包容。

第一，包容并不是简单的和平共处，一切都好。在整个文化生态之中，有些东西我们必须施肥浇水，让它发扬光大，而有些东西必须进行抑制，予以摒弃。如极端思想这类肆无忌惮

---

① 联合国教科文组织世界报告：《着力文化多样性与文化间对话》，联合国教育、科学及文化组织，2010，第 54 页。
② 联合国教科文组织世界报告：《着力文化多样性与文化间对话》，联合国教育、科学及文化组织，2010，第 46 页。
③ 联合国教科文组织世界报告：《着力文化多样性与文化间对话》，联合国教育、科学及文化组织，2010，第 47 页。

的东西必须摒弃，否则就缺乏了人类的良知和公理。包容是有限度的，必须以人类的良知和公理为基本依据。

第二，即使是在包容之中，我们也要注意到在社会文化体系的构成中是有主流和非主流之分的。从整个文化生态来讲，有各个方面的问题、各个方面的东西，应当讲究百花齐放。但是，在一个社会主张什么方面，作为政府、学界，应该强调主流价值观，而不能完全平均地对待。当我们在强调主流价值观时，就在强调一种文化的历史渊源和它当今的时代特点。主流是变化的，这个世纪是主流，到下个世纪可能就不是了，但是主流的东西恰恰是当代的。马克思主义所设想的社会主义初级阶段和高级阶段不一样，经济不一样，社会不一样，政治不一样，文化当然也应该有所不同。比如说农村城市化，农村时期强调的东西和城市化后强调的东西不一样，关键是必须符合时代特征。今天我们强调的主流就是社会主义核心价值观。社会主义核心价值观的三个层次中，富强、民主、文明、和谐是国家层面的价值目标，自由、平等、公正、法治是社会层面的价值取向，爱国、敬业、诚信、友善是公民个人层面的价值准则，三个层面一起构成我们这个时代的主流价值。在这个主流价值之外，要允许其他东西存在，但允许其他东西存在不等于不强调核心价值。

三　我们需要怎样的包容文化

1. 对多样文化的包容

对多样文化的包容直接体现在社会生活的文化多样性，而文化流动性带来文化多样性。各不相同的文化广为存在，这就是文化的多样性。每个民族都有独特的生活方式和特殊的历史，都有自己的文化。不同的文化承载着不同的价值和功能，它们都有其值得尊重的价值观。每种文化都有其独特的历史发展过程，并不排斥其他文化发展，也不必然地以其他文化的衰亡为前提。相反，各种文化发展可以是并行不悖的。在多样性中融会形成普遍性，是人类文化发展的一个基本规律。

强调文化的多样性，绝不意味着世界上的各种文化都要把自己封闭起来。每种文化都要不断地与其他文化进行信息、能量、资源的流通和交换，才能始终保持旺盛的生命力，否则，就会自生自灭，走上衰退、消亡的道路。

文化的多样性与文化流动之间具有复杂的相互影响关系：一方面，多样性意味着差异，意味着相互隔离，在一定的时间和空间范围内可能影响文化的流动；另一方面，文化的流动可能造成多样性的流失。但这不是问题的全部，如果仅仅停留在这种判断上，就仍然只是一种静态的文化分析。只有当我们把文化多样性的动态性质和文化流动的永恒性结合在一起时，才能看到一幅崭新和生动的画图，才能发现文化的流动性和文化的多样性既相生相克，且相辅相成。

文化的流动意味着，文化越来越多地被理解为不同的社会沿着各自特有的路径不断演变的过程，这也就是文化多样性的生成过程。保护文化多样性意味着确保多样性持续存在，而并不是让某种多样性状态永久保持一成不变，并意识到要具备接受文化变迁、维持文化变迁的能力。也就是说，保证文化多样性的动态存在，本身就是对文化流动的维护和促进。

文化的流动也意味着，文化的全球性与多样性之间存在良性互动。全球化可能导致文化模式、价值观、追求目标和生活方式等方面的同质化，同时导致趣味的标准化、创造力的贫乏、文化表现形式的雷同，但文化的全球性与多样性不是此消彼长的关系，相反，正是在文化的全球性与多样性的良性互动之中，新质文化得以不断产生。

联合国教科文组织在《着力文化多样性与文化间对话》报告中观察到："全球化诚然导致了种种形式的同质化和标准化，但是不能认为它不利于人类创造力的发挥；这种创造力依然产生新形式的多样性，并且在持续不断地挑战毫无特色的雷同。"①

差异的直接结果就是多样性的新生。也就是说，文化帝国主义理论看到的仅仅是其中消极的一面。全球化时代，文化流动完全可以丰富而不是削弱文化的多样性。

从文化多样性的立场看，单一性的高贵不可能长久。谁想在文化上建构单一性的高贵，只能走向消亡，因为历史太残酷了，看看这么多文化的波浪起伏、生生灭灭就清楚了。纽约文化之所以能从无到有，其原因之一就是从一开始就具有多元文化基因。据有关史料记载，1643 年曼哈顿总人口只有大约 700 人，却说着 18 种语言。实际上，即使是整个美国，如果不主动地和其他外来文化进行碰撞、接触，保持文化的多样性，也不会有今天。

还必须清楚的是，排他的结果就是削弱自己，文化只有在多样共生的基础上、在相互碰撞之中才有发展的可能。在某些情况下发生的"文明的冲突"或利益冲突背后潜藏的文化因素，虽是客观存在，但这只是文化类型关系中的一方面，而不是全

---

① 联合国教科文组织世界报告：《着力文化多样性与文化间对话》，联合国教育、科学及文化组织，2010，第 11 页。

部。对待文化多样性，应是相互理解、相互学习、共同发展，而不是扩大文化间的矛盾、冲突，甚至排斥、压制一些文化的发展。这一点尤其需要引起一些具有深厚历史文化积淀、丰厚传统文化资源，但文化多样性不足的国家或地区的重视。

从文化多样性的立场看，文化流动具有所谓整体性特征的观点也是站不住脚的。如果按照"文化流动一定是整体的流动"的观点，殖民就是合理的，包括整体的征服，包括全盘西化。这种理论很危险，而且实际上也是提出文明冲突论的一种根据。文明冲突论认为西方文化是一种强势文明，只有通过文明的冲突才能够把所谓的异类文化消灭掉，因为文化具有整体性，问题只能通过冲突解决，不能共存。

事实恰恰相反，完全没有必要以一种文化的整体取代另一种文化的整体，各种文化形态都要受到尊重。只要在流动过程中相互融合、相互交流，完全可以在流动中产生新的文化形态、形成新的文化多样性。

当今时代，文化的流动空前增强。现在不是"朝花夕拾"的问题，而是瞬间节点就可以产生蝴蝶效应，文化面临一场革命性的变化，包括文明之间相互借鉴，你中有我，我中有你的力度将极大地增强。

在这个时候，在文化的流动过程中，要确保文化的多样性而不排斥对普遍价值的承认。必须树立人类的价值准则，不同的文化才能和谐相处。但在普遍价值基础上，我们要尊重文化的多样性。这是一个过程，也是一个结果。

大卫·索罗斯比在《文化经济学》中提到一种乐观的文化景观："文化发展的积极观点也正预示着在文化传达和互动交流上，更清晰明确的模型必将出现，在那儿，在地文化的多样性

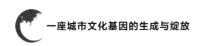

于全球相互联结的世界里将被彰显。"①

文化流动的空前速度,文化多样性的空前丰富,这是美好的壮观图景。在如此壮观的图景面前,我们将不得不承认,文化的积淀,在强大的文化流动面前,在丰富的文化多样性面前,其意义依然十分重要,但其实现的形式将更加丰富,其实现的速度也将大大加快。

移民之城有包容之魂。深圳文化是四十余年来上千万移民创造出来的文明成果,呈现出文化的多样性特色,是城市发展活力所在,体现了深圳文化的优势和先进。

一般意义上说,人是文化的基本载体,流动的人群是文化流动的承载者。有人的地方就有文化,文化是人类社会共同生活过程中衍生出来或创造出来的。你可以说某个地方文化生态不一样,可以说由于这里的人口素质低,它孕育的文化是灌木丛而不是大森林,但不能说这些人不是文化的承载者。浩浩荡荡的旅游人群,络绎不绝地从四面八方去看古老的山寨,那里难道不是一种文化形态吗?不是去看一种文化形态又看什么呢?抛开那些历史上的奇谈怪论不去理会吧。正如物的流动一样,一个地区的人的流动越频繁、规模越大,就越有活力。

有相当长的那么一个时期,某些学究将深圳看成"文化沙漠"。他们认为深圳是一个文化的不毛之地,这里没有古老的建筑,没有几个读古书之人,没有流行的家乡小调和地方戏,没有二人转和河北梆子,因此便没有了文化。这种看法多么肤浅!他们就没有看到那么多移民带着各种各样的文化基因和文化梦

① 〔澳〕大卫·索罗斯比:《文化经济学》,张维伦等译,台北典藏艺术家庭股份有限公司,2003,第209页。

想，源源不绝地流入这座城市，他们没有看到各种各样的传媒在这里交互激荡，各种各样的经济理论、文化理论在这里频繁试验，多种多样的文化表现形式在这里争取一席之地。

20 世纪 80 年代，曾有人说深圳是"文化沙漠"。当时《深圳青年》向大家约稿，可是深圳没有人写稿，因为稿费很低，十几块，最多的是二十块，按当时的国家标准来给稿费。深圳人都在忙什么呢，一手拿着计算器，见人就问有没有聚丙乙烯、马口铁，忙着做生意。所以《深圳青年》创刊的时候，接不到稿。这个现象当然给人一种"文化沙漠"的感觉。

但说文化是沙漠，那么什么是文化呢？文化最重要的载体是什么？是那些存在了多少年的残垣断壁吗？是埋在地下的古尸吗？是那些发黄的故纸堆吗？这些当然是，但它们不是文化的本质，更不是文化最重要的载体。文化最重要的载体是人本身。

古今中外，众多地区和城市正是借由来来往往不断流动的人而造就自身独特的文化和城市风貌。在人类产生后的历史长河中，迁徙活动是人类生存发展的主要手段。

我们的祖先形单影只或成群结队地穿行于世界的各个角落。如贾雷德·戴蒙德在《枪炮、病菌与钢铁：人类社会的命运》中所介绍的那样，早在 100 万年前人类迁徙到东亚和东南亚。40 万年前，人类的足迹踏上大洋洲大陆及南太平洋诸岛，约 2 万年前人类进入西伯利亚，约 1.2 万年前移居北美洲，1 万年前，南美洲出现人类的身影。

如此漫长的迁徙过程实际上也就是人类的移民过程，其对人类自身产生了深远的影响。这种影响不仅体现在不可逆转地改变着人类的生存环境，更为重要的是，在移民与原住民的互动过程中，价值观、思想和文化基因都得以深入交换，并由此产生新的社会文化生态体系。

移民所承载的文化能量在美国体现得尤为充分。可以说，正是一代代移民的到来使美国成为当今世界文化多样性最为突出的国家，移民创造了美国的历史和现实，美国的超强地位反过来验证了移民的作用和贡献。在美国目前的人口构成中，约30%的美国人或其前辈来自欧洲以外的其他国家和地区。美国人中非洲裔约占13%，拉美裔占11%，4%为亚太裔，而印第安人、因纽特人等土著人仅为1%。直至今日，作为世界上最大的移民国家，美国每年仍接受亲属移民、工作移民等来自全世界的各类移民。

美国的大城市都是世界上移民人数居前的城市，如纽约。纽约诞生之日就承载着多样性的移民文化，时至今日，世界上几乎所有主要国家都有移民在纽约。20世纪80年代，纽约市民使用的语言多达121种。1990年，纽约的"少数"民族成了多数民族，其人口占全市总人口的57%。

美国所呈现出的文化形态，既有欧洲文化的基因，更创造了美国文化的样板，而这个样板反过来让欧洲向其学习。来自世界各地的移民怀揣实现"美国梦"的希望前往黄金大陆，人们通过自己的奋斗白手起家积累财富。同时，移民们从各个领域全方位地进入美国社会，既扩散了移民输出地的文化，也以全新的方式共同创造了美国文化。

美国文化中移民的价值观和文化理念深刻影响了美国社会。南来北往的移民的各种横向纵向的流动最终造就了美国自由、平等的文化。正如美国历史学家奥斯卡·汉德林所言，美国移民造就了美国人民。同样，美国移民也造就了美国文化。

今天，城市的爆炸性扩张不断推进，世界上超过一半的人口居住在城市里，这是有史以来第一次。借此，从乡村到城市的移动，已成为当代最重要的移民现象。在人类历史上，没有哪一场移民的广度和规模能与这场大移民相提并论。无论人们是否承认，今日的移民们为了追逐城市优势，正创造着不断变化的城市与文化，这已经日渐成为引发变革、不断创新的决定性力量。

移民改变着社会的经济、贸易，同时作为一种文化旅行，催生多元的新文化。从全球范围看，人类史就是移民史，也是多元文化的发生史。当今社会，移民的意义正在发生改变，移民不再是被动、痛苦、心酸的历程，相反，积极、主动、自愿与欢愉已经成为当代移民的重要特征，当代移民文化演奏的是从传统迈向现代、从乡村到城市、从地方到世界的欢歌乐曲。

人往高处走，水往低处流。这句中国谚语恰如其分地解释了当今中国移民活动的原因和规则。在过去的三十余年中，数以千万计的人离开内陆省份的贫困农村涌入海滨城市，寻求工作机会和改变生存命运的可能。而这种大规模的迁移，还将在未来的很长一段时间、在更广泛的地区持续发生。当今世界范围内，没有哪个地区的人们比当代中国社会中的移民们更具有这般迫切与坚韧的先锋精神。

道格·桑德斯在《落脚城市：最后的人类大迁移与我们的未来》中用"落脚城市"来诠释我们正在经历的当代移民活动。当代移民正在世界各地造就极为相似的社会空间。尽管他们的表现各不相同，可是无论是在孟买、阿姆斯特丹、巴黎，抑或深圳，当代移民所形成的人际关系网络和造就的社会空间都具

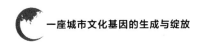

有相同的特性而难于辨别。人类的大迁移正体现于这些过渡性的空间——落脚城市之中。

道格·桑德斯对落脚于城市中的移民做了三种区分，即职业移民、循环式移民和连锁式移民。职业移民指那些到城市从事技术性工作或是进入政府、军队等体制的移民；循环式移民指那些从乡村到城市在某一季节从事某种阶段性工作，但终究要回家的人；而连锁式移民是当代移民中数量最多的，他们经由一套社会架构迁移，由迁移目的地的人口为新移民提供援助、资讯及鼓励，而促成一组组相关的个人或家庭从一个地方迁往另外一个地方。

杰布·布鲁格曼在《城变：城市如何改变世界》中对这种"连锁式移民"有着更为形象的解释，如果某位家庭成员在一座城市扎根且拥有了稳定的生计来源，那么他的亲人或家乡的其他居民将追随他的步伐迁移。

这极好地描绘了当代移民的运动轨迹。虽然历史上延绵不断地出现过多次各种方式的大迁移，但是没有一次移民的广度与规模能与我们经历的这场连锁式移民相比。由当代移民所引发的革命性变化已经体现在我们生存的每个角落。一个可以确认的现实便是，当代革命性的移民浪潮正在改变我们的生活和未来。

与过去的移民相比，当代移民展示出多样化的特征。当代移民的来源几乎遍布各处，社会各项政策日渐开明，当代交通、通信设施高度发达，都进一步便利了人口的加速流动。这直接导致当代移民的文化背景复杂多样。由于当代移民的来源十分广泛，因而其文化背景更加复杂，并进而为新文化的创造提供了更大可能。

移民深圳的每一个人，都为了各自的梦想来到这里。对过去生活的不满足，对新的聚集地的希望，让这个城市凝聚了巨大的文化能量，孕育着文化聚变。移民是梦想的产物，真正的移民是在寻找自己，要张扬自己，实际上每个移民都怀揣梦想。深圳移民来自全国各地，带着各种各样的动机和梦想来到深圳，而有一个共同点就是对原居住地的"不满足"，所以需要到这里来实现自己的满足，寻找这种满足感的过程就是梦想实现的过程。从表面上看，移民是在寻找外面的精彩世界，但是真正的移民实际上是在寻找自己，看看自己有怎样的头脑、力量和智慧。从表面看，每个移民都很现实，要为生活打拼，但在骨子里，他们总是在为梦想不断努力、奋斗。

"骏马登程往异方，任寻胜地立纲常。年深外境犹吾境，日久他乡是故乡。"这是福建漳州"黄姓"祖庭的认亲诗，实际上也是广东、福建很多地方的黄氏认亲诗，讲的就是当年祖先移民他乡，最后定居他乡成故乡的事。这也是深圳移民的真实写照。过去三十余年中，深圳绝大多数的市民来自他乡，如今也是"年深外境犹吾境，日久他乡是故乡"，深圳已经成了人们的故乡。这是深圳移民梦想所包含的实现自我、超越自我、荫及后代，获得的新的生活方式。

所以，深圳要为移民塑像，因为这个城市的主体是他们。深圳为城市移民塑像，有篇文章写道：近看是一个个或者热情，或者冷漠，或者充满欲望，或者迷茫的面孔，远看是生长着的，正在发育的，长满肌肉的大山，是那么具体，但是作为群体又那么的生机勃勃，就像年轻的喜马拉雅山脉。这就是深圳移民城市的文化基因：生机勃勃、充满个性、创新包容、多元平等。

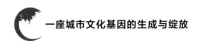

移民城市带来了文化的流动。有人认为，深圳是咸淡水文化，这是一个比喻，咸是指海水，引申为海外的文化，淡是指河流湖泊，引申为内陆文化，实质是说深圳文化融合了中西文化。移民城市带给深圳的文化特质，就是文化流动的品性和文化包容的灵魂。这座没有地域性的城市，其万千气象甚至比民国以前的上海和香港还要恢宏。在融合中国内地各地文化之后，又以中国文化为底板，与现代西方文明进行了交汇融合，形成了融合传统与现代、中国与世界的移民文化，成为融入世界潮流的普适性文化。所以说深圳是中国的一个异数和奇迹。

2. 创业的包容

"鼓励创新、宽容失败"，"在深圳一切皆有可能"，正是深圳精神和深圳力量的体现，靠着这种干事创业的包容精神和理念，深圳催生出大大小小的"第一个吃螃蟹"之举。营造"鼓励创新、宽容失败"的文化氛围，从本质上就是要塑造和形成一种包容型文化，从而为国家创新战略的实施提供以开放、多样、宽容、对话为特征的文化环境。

"鼓励创新、宽容失败"最早是在深圳被明确提出来的。一定程度上而言，一部深圳经济特区的发展史就是一部"鼓励创新、宽容失败"的文化精神成长史。以"敢闯""敢试""敢为天下先""杀出一条血路"为代表的深圳"闯劲"实际上就是深圳"鼓励创新"的经典表述。而邓小平同志"南方谈话"中讲到的"一开始就自以为是，认为百分之百正确，没那回事，我就从来没有那么认为"，"允许看，但要坚决地试。看对了，搞一两年对了，放开；错了，纠正，关了就是了。关，也可以快关，也可以慢关，也可以留一点尾巴。怕什么，坚持这种态度就不要紧，就不会犯大错误"①，"第一条是不要怕犯错误，第二条是发现问题赶快改正"② 则是对深圳"宽容失败"理念的形象论述。2006 年，由深圳市委、市政府出台的《中共深圳市委深圳市人民政府关于实施自主创新战略建设国家创新型城市的决定》就明确将"敢于冒险、勇于创新、宽容失败、开放包容、崇尚竞争、富有激情"写进其中。此后，深圳逐步形成并提出"鼓励创新、宽容失败、脚踏实地、追求卓越"的城市精神，"鼓励创新，宽容失败"作为一个经典表述首次被提出来。2006 年 3 月，《深圳经济特区改革创新促进条例》在深圳市四届人大常委会第五次会议上高票通过，明确规定"改革创新未达到预期效果或造成损失，只要程序符合规定，个人和所在单位没有谋取私利，也不存在与其他单位或个人恶意串通的，可予免责"。"鼓励创新，宽容失败"通过立法的形式加以提出和明确，深圳成为全国第一个以立法形式确立对改革创新失败者的宽容机制。2010 年，深圳经济特区成立三十周年之际，深圳举办"十大观念"评选活动，"鼓励创新，宽容失败"入选"深圳十大观念"之一，成为深圳城市最核心的精神文化基因。

　　"鼓励创新，宽容失败"的提出与深圳这座城市的成长发展历程密不可分，可以说它是从深圳的文化土壤中生长起来的。为什么这种文化氛围或价值共识能够生于深圳，长于深圳，成熟于深圳呢？

　　第一，"鼓励创新，宽容失败"的提出是深圳城市战略定位

---

① 《全面建成小康社会重要文献选编（上）》，人民出版社、新华出版社，2022，第 257、258 页。

② 陈锡添：《东方风来满眼春——邓小平同志在深圳纪实》，《深圳特区报》1992 年 3 月 26 日。

的必然。深圳作为我国第一个经济特区，它从一开始就是一个"被设计出来的城市"，设计者们赋予这座城市的战略使命就是"敢闯敢试""摸着石头过河"。在实现城市战略使命的过程中，必然会在各个领域面临全新的问题，而新问题的背后往往隐藏着失败的风险。因此，为了保障这种创新型、探索型城市战略目标的实现，中央对于"特区"的定位以及相应配套的价值观就成为深圳城市文化的原点。1992年，邓小平同志发表"南方谈话"的背后，无疑就是对体制机制变革带来失败风险的宽容与谅解，实际上这也是来自中央的城市设计者对"鼓励创新，宽容失败"思想的最初表述。

除了来自中央的定位，深圳对自身发展的战略定位也成为"鼓励创新，宽容失败"提出的一大背景。早在1993年，深圳就形成了"发展高新技术产业是深圳社会和经济发展的必然选择"的城市战略定位。在当时出口加工产业热火朝天、回报丰厚的背景下，深圳居安思危，以自觉自发的创新意识和危机意识为深圳未来的发展谋篇布局。实际上，在外界看来，深圳几乎没有高水平大学和科研机构等发展高新技术产业的基础背景，以高新产业作为城市发展战略定位实际上面临巨大的风险和成本，其前景不被看好，但这恰恰忽略了深圳与生俱来的"敢闯敢试"的文化基因及其背后的企业家精神，忽视了创新战略所需文化氛围形成的巨大动能。深圳此后二十多年的发展实践也证明，这一战略定位的提出无疑是极具战略魄力和前瞻性的，这也决定了"鼓励创新，宽容失败"成为这个城市的应有之义。

第二，"鼓励创新，宽容失败"是深圳移民文化塑造的。从精神上讲，移民文化就是以理想主义为指向的，是对生活在别处和未来的向往，是对新的生活和梦想的追求和创造。移民文化是孕育创新与宽容精神的温床。历史和实践一再证明，移民文化具有强大的包容性。"正如美国移民后来能够容纳来自世界各地的民族成员，所以美国的历史才能敞开心怀，包容西方和东方的文化，锤炼出一个共同的内核。"① 深圳是我国最大的移民城市，95% 的人口来自五湖四海、四面八方，梦想与包容是移民文化的基本特征。

一方面，移民们怀揣一个梦想来到深圳，这个梦想的核心是"对过去生活的不满足"。这种不满足来源很多，有感情上的，有事业上的，有自我实现上的，等等，正如诗人谷雪儿《在很远的地方想念深圳》所道出的缘由："我的爱情也是在这里滋生与轮回。除此之外，她还给了我两次重生的机会。"对现状的不满足让深圳有种让人重生的力量。不满足则直接构成了创新最重要的思想动力，移民在求得生活上的重生的同时，对未来的变革思想亦会投入工作和创新之中。因此，鼓励创新是移民城市最重要的文化特征。

另一方面，典型的移民城市特别能够形成宽容、包容、兼容的城市文化。移民间的社会关系相对单一，属于陌生人社会，没有那么多人情关系或者其他更复杂的社会关系，人们之间往往少了人情、面子的负担，更不会形成对外来者的排斥，创新失败也不必背负过分社会负担，这构成了宽容精神的社会环境。正如学者易中天在《没有方言的深圳》一文中指出："全国每个城市每个地方都有自己的方言，唯独深圳是个例外……深圳是没有方言的城市，不但现在没有形成方言，而且将来也不会出

① 〔美〕刘易斯·芒福德：《刘易斯·芒福德著作精粹》，宋俊岭、宋一然译，中国建筑工业出版社，2010，第345～346页。

现方言。因为深圳不属于操着某种方言的某个区域的人，而属于全中国。"① 易中天的话指明了移民文化之于深圳的影响，"来了就是深圳人"这句"来者不分东西南北，英雄不问出处"的口号曾经激励多少人怀揣梦想奔向深圳，这种移民文化所造就的宽容精神让创新所必需的人才、技术在深圳得以自由流动。

第三，"鼓励创新，宽容失败"是在中西文化不断碰撞与交流过程中形成的文化气质。深圳历史上属于广府文化，广府至少从汉代开始就与海外文化不断接触和交流，在与海外文化的长期碰撞中，广府人逐渐形成了开放、包容、博大、冒险、不惧失败的精神气质，而这无疑构成了深圳"鼓励创新，宽容失败"的历史文化渊源。而改革开放之后的深圳依托毗邻香港的独特人文地理环境，得风气之先，更是成为中西文化的直接交汇点，承担起整个中华文明对话西方文明的桥头堡角色。即使深圳当时城市面积并不大，人口很少，但是一开始就展现出国际大都市的魄力和胸怀，整体上呈现出汪洋恣肆的气象，它的想象力、它的目标、它的一举一动都是有气派的。正是这种中西文化对话与碰撞的角色担当，决定了深圳文化海纳百川的博大与包容。一方面，深圳在中西文化交流与碰撞中要不断创新创造，在文化流动中培育自身的文化创新能力；另一方面，深圳在文化创新创造过程中对于不同文明间差异、矛盾、冲突以及文化创新创造过程中面临的失败风险予以宽容。

"鼓励创新，宽容失败"是中华传统文化的重要基因。置身于人类历史文明发展的璀璨星空之下，我们不难发现，"鼓励创新、宽容失败"的精神内核从来都不是某一种文化所独有的特

---

① 易中天：《没有方言的深圳》，《读城记》，上海文艺出版社，2003，第384页。

质，而是一切世界优秀文明传统所共有的品格。考察东西方文明发展的历程，我们不难发现，任何一种文明若能屹立千年而不倒、蓬勃向上、历久弥新，那么它的血液中一定流淌着创新与包容的基因。

从历史的纵向来看，中华传统文化具有极强的创新性和包容性，更是从来不缺乏变易的观念、实践和智慧。从传统儒学到两汉经学，再到宋明理学，儒释道三教合一，中国文化兼容并包、多元一体，具有强大的价值整合能力，处处体现着文化的"维新"。《易传》中的"汤武革命，顺乎天而应乎人""穷则变，变则通，通则久"都是肯定变革前朝弊政的合理性与合法性。周公制礼作乐作为一种政治性的制度安排，开创了儒学创造创新的传统。

"鼓励创新，宽容失败"是世界优秀文化的共同品格。中华传统文化当中不乏"鼓励创新，宽容失败"的文化精神，以古希腊、基督教文化为代表的西方文明同样如此。古希腊独特的地理环境造就了完全不同于东方大陆内河文明的海洋文明。鼓励冒险、求知、探索、进取构成了西方科学与创新精神的历史渊源。古希腊先哲柏拉图说过："人类知识在任何时候都是有限的，再智慧的人亦无权垄断真理。宽容是我们唯一的选择。"宽容精神是西方文化伦理的重要组成部分，在西方，人们把宽容视为一种重要美德。英国文学家莎士比亚在《威尼斯商人》中对"宽容的品德"做过这样的歌颂："宽容不是出于勉强，它是像甘霖一样从天上降到尘世，它不但给幸福于受施的人，也同样给幸福于施与的人；它有超乎一切的无上威力，比皇冠更足以显出一个帝王的高贵：御杖不过象征着俗世的威权，使人民对于君上的尊严凛然生威；宽容的力量却高出于权力之上，它

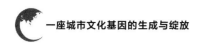

深藏在帝王的内心，是一种属于上帝的德性，执法的人倘能把宽容调剂着公道，人间的权力就和上帝的神力没有差别。"足见宽容精神在西方文化中的分量。

当我们审视和考察西方文化的发展历程时会发现，如果说"鼓励创新，宽容失败"之于中华传统文化的表现是内在的、含蓄的、和谐的，那么对于西方文化则无疑是外在的、直观的、冒险式的，与中华传统文化所倡导的"君子不立于危墙之下"有所不同，创新往往与挑战、风险、失败紧密相连。世界最富创新力的美国 3M 公司提出著名口号："为了发现王子，你必须与无数个青蛙接吻。""与青蛙接吻"意思是失败，3M 公司把失败和走进死胡同作为创新的一部分，其哲学是"如果你不想犯错误，那么什么也别想干"。西方文化视野下的创新更加强调冒险精神。美国是西方创新文化最具代表性的国家，在美国文化中有一种倾向，即强烈赞同给新生事物生存发展的机会，允许有缺陷的新事物从头再来。一代一代的移民来到美国创业，大家互相之间人际关系距离比较远，较少存在人情和面子的问题，创业失败是常有的事情。创业失败后自动加入失业的大军重新开始，没有人会讥笑你，你也别奢望别人会同情你。久而久之，宽容的气氛就形成了，这反而刺激了人们的冒险精神，形成不断"try"（尝试）的文化。宽松的环境是创新的沃土，硅谷文化就是这种宽松文化的典型。"硅谷"崇尚的是"It is OK to fail"（失败是可以的），"失败后还有明天"这种宽容的创新文化理念，他们把失败看成一次学习的经历，没有人去耻笑你的失败。可以说，硅谷不是建立在成功之上，而是建立在失败之上。这也是为什么 20 世纪 60 年代以后，原本荒凉的硅谷能够战胜美国东部波士顿"128 号公路"地区成为世界创新的领航员的重要原因之一，因为与东部相比，西部更不注重家庭背景、更不注重面子、更加宽容失败。宽容失败成为美国多元化价值观的体现。

综合分析起来，相比中国而言，美国文化中呈现出几个特点：一是"成王败寇"的思想较少出现；二是弱势群体的利益得到很好的保护；三是各种利益集团都有自己表达诉求的渠道，那些通过不正当竞争手段获得的成功反而被人们所唾弃。这一切构成了美国创新文化最有利的社会氛围。

在当前国家大力实施创新驱动发展战略的背景下，营造"鼓励创新，宽容失败"的文化氛围显得尤为重要。一方面，我们应该更加客观理性地看待中华传统文化的创新基因，重新挖掘和梳理传统文化当中的创新思想，赋予其新的时代精神气质。另一方面，我们要深入考察和汲取世界各国创新文化的精髓，为传统创新文化注入新的动能和元素，营造更加开放宽容的创新环境，让中华传统文化置身于人类文化多样性的融合之中，让中华传统文化丰富的创新文化资源转化为中国现实的创新软实力。

3. 公共意识的包容

深圳的公共意识在全国发育相对较为成熟，市民法治意识、规则意识、公共文明观念普遍较强。法治原则成为社会各项活动必须遵循的基本原则。

从 1980 年深圳经济特区成立到 1992 年被授予特区立法权前的 12 年间，深圳经济特区通过国家和广东省立法机关制定了 23 项特区法规，初步建立了深圳特区市场规则。深圳经济特区立法权取得的最初五年，快马加鞭地满足了积累多年的立法需求。1994 年 3 月深圳在全国率先进行依法治市试点，并提出了"建设现代化国际性社会主义法治城市"的目标。到 1997 年底，由深圳市人大及其常委会通过和修改的法规就达到 111 项，由深圳市人民政府通过的规章达 104 项，基本实现了特区建设中重要问题都有法可依。2000 年，深圳被授予"较大市立法权"。拥有"特区立法权"和"较大市立法权"的深圳在立法实践上先行先试，为特区立法和地方立法摸索出了一条实践道路，通过积极的立法，初步建立了深圳特区市场规则体系。

目前，深圳已成为全国立法最多的城市。到 2019 年底，深圳共制定法规 229 项，现行有效法规 168 项，覆盖了经济社会发展的各个方面，推动了"五位一体"总体布局在深圳的贯彻落实，初步形成了与国家法律体系相配套、与国际惯例相接轨、与深圳经济社会发展相适应的法规体系。深圳依法治市工作也不断推进，法治城市建设不断升级，从现代法治城市、一流法治城市、到法治中国示范城市。深圳制定的 200 余项法规中与文明相关的有 60 多项，如《深圳经济特区文明行为条例》《深圳市义工服务条例》《深圳经济特区奖励和保护见义勇为人员条例》《深圳经济特区救助人权益保护规定》等。

《深圳经济特区救助人权益保护规定》明确指出，助人不用自证清白，举证责任由被救助人担负，保护了义举，创国内先河；深圳为无偿献血立法，《深圳经济特区无偿献血条例》加大对献血行为的鼓励，市民参与无偿献血哪怕只有一次，即可享受终身无限量优先使用临床用血；为全民阅读立法，深圳全民阅读工作从城市文化自觉迈入法治化治理的新时代。

立良法，方能行"善治"。深圳的立法者深知，科学立法、民主立法须开门纳谏，广泛听取民意，充分吸收民智。要立什么法？一年一度编制立法计划时征求市民意见是惯例，立法规划、立法计划、法规草案及其说明等立法信息，都在深圳市人大门户网站向社会公开。法规如何起草？市民可以参与立法座谈会、论证会、听证会等，这些民主立法形式已被制度化。比如，《深圳经济特区文明行为促进条例》在制定过程中经历 3 轮民意调查，回收近 30 万份调查问卷。

此外，深圳在法律法规的运行过程中也会根据经济社会法治的实际需要，不断对法规进行修正。比如 2020 年 4 月 29 日，深圳市六届人大常委会第四十一次会议表决通过了关于修改《深圳经济特区文明行为条例》的决定。为进一步提升市民对传染性疾病的防控意识，强化市民的法律意识和责任意识，新修订的条例新增了市民在传染性疾病防控中应尽义务的内容，明确市民应当遵守的公共场所行为规范包括"患有传染性疾病时，采取有效措施防止传染他人"。

法为你我而定，因你我信仰而更有力量，学法、尊法、守法、用法，已成为深圳人的共同追求和自觉实践，法律信仰逐渐形成，崇尚法治蔚然成风。这体现的是公共意识的包容。

四 小结

强调文化的多样性，绝不意味着世界上的各种文化都要把自己封闭起来。每种文化都要不断地与其他文化进行信息、能量、资源的流通和交换，才能始终保持旺盛的生命力，否则就会自生自灭，走上衰退、消亡的道路。

包容型文化需要多样性包容、创业包容与公共意识包容，多样性包容直接体现在社会生活的文化多样性，文化流动性又带来文化的多样性。文化多样性与文化流动之间具有复杂的相

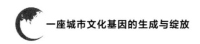

互影响关系，只有当我们把文化多样性的动态性和文化流动的永恒性结合在一起时，才能看到一幅崭新而生动的动态画面，才能发现文化的流动性和文化的多样性既相生相克，更相辅相成。对创业的包容是给予探索、创新鼓励和支持，"鼓励创新，宽容失败"就是最好的说明。对公共意识的包容是给予新来者一定的适应空间和适应时间，逐渐形成法制意识、规则意识等行为文明意识。

包容涉及范围广，既要尽可能在所涉及大事小情上有原则、有底线，又要发自内心，既不能"貌退让而心贪竞，外包容而中忮刻"①，也绝不可包容泛滥，更不能为包容而包容，须有礼、有节，既不失友好，也不软弱。

---

① 《明史·蔡时鼎传》。

第七章

力量型文化

在人类历史上有这样一种现象，高度发达或文明的国家、城邦被野蛮部落或民族所征服，也就是所谓文化不发达的地方打败和征服了文化繁盛之地。比如在西方，古希腊的马其顿是相对落后的城邦，更接近于野蛮部落，却征服了其他发达的城邦，并最后征服欧亚非的大片土地；希腊与罗马相比，希腊经济文明更发达，但最后罗马取胜了，而不是相反；罗马在当时显然是经济和文明较为发达的国家，但最后却被落后、野蛮的日耳曼等"蛮族"毁灭了。在中国历史上，游牧民族侵扰和打败农耕文明时常发生。最为典型的是两宋时期，宋朝在当时经济文化最发达，其次是金、辽，再次是西夏，最落后的是蒙古，结果最后成功的不是这些相对发达的王朝，而正是文化相对落后的蒙古。

这种力量的征服与文化的繁荣呈现的背反现象，值得我们冷静地思考。一方面，是什么样的文化支撑着征服的力量，使"落后"与"野蛮"最终战胜"先进"与"文明"？另一方面，一次又一次的文化繁荣何以常常如此不堪一击，繁花似锦之后总是一片凋零？

我们看到其中的一个共同点，就是这些所谓经济文明发达的国家和王朝的文化中，缺失了在它们历史上曾经拥有的力量和血气的要素。问题的关键在于力量的此消彼长。"落后""野蛮"的新文化的力量不断凝聚和壮大，"先进""繁荣"的旧文化的力量却在渐渐散失。也就是说，任何伟大的文化都是有力量的文化，但这并不意味着所有伟大的文化都永远具有强大的力量，就如同我们今天所说的那些腐朽的、没落的文化，除了其价值观、世界观落后之外，更重要的是它们不具备或者已经丧失了维持和推动自身和社会进步的力量。

因此，我们呼唤一种力量型文化。

力量型文化强调正义、勇敢的价值品性，是对文化理性结构的矫正。理性与知识和智慧相关，但若只强调对知识的拥有和过于严格的理性会影响文化的活力和生命力。力量型文化主要体现的是文化的血性——融合了理性的血性，强调正义、勇敢，催生人们奋发向上的激情。

"血性张扬"与"血性消弭"的循环总是与盛衰相对应，血性作为力量型文化的灵魂，强调禀性的刚健勇敢、意志的坚忍不拔和蓬勃朝气、昂扬锐气、浩然正气。禀性勇敢则开拓进取、敢闯敢试、勇于担当、敢为天下先，将个人的荣辱前程乃至身家性命置之度外，不畏前路荆棘密布、险象环生；意志坚忍则自强不息，在勇敢过程中不断自续能量，不达目的不罢休；充满蓬勃朝气则既彰显力量之美，又展示出勇敢的希望；具有昂扬锐气则现势不可挡之威，让所有阻挠者退之、避之；浩然正气则展示出大公无私、无所畏惧之勇，让人顿生中流砥柱坚不可摧之敬。

力量型文化充满活力，是智慧与实力的结合，是血性与理性的交融，力而不莽，理而不缩，不欺凌弱小，不屈服于强大，正义凛然，大气磅礴，既是强健的肌肉和坚硬的拳头，又是输送给养的肩膀和遮风挡雨的铁伞。

一　文化的血性

力量型文化指的是一个民族文化结构中有血气的部分。"血气"在西方是一种政治美德，是"正义女神"的品性。血气就是人对何谓正确、何种东西带来尊严和荣誉的精神感受。所以，力量型文化强调的是正义、勇敢的价值品性。

力量型文化发端于人类文明早期的血气文化，血气文化在东西方文明中都曾存在，是人类在人与自然的抗争中产生的对力量型文化的推崇。如古希腊，奥运会就起源于此，主要展示人的身体力量。这种文化逐渐拓展到社会各方面，包括建筑文化中体现的那种气势。尼采对"强力意志"的推崇，弗朗西斯·培根所说的"对自然的拷问"等，都是在极致的意义上显示血气文化的内在原动力和不断向外拓展的意志。

力量型文化是对文化理性结构的矫正。理性与知识和智慧相关，但只强调对知识的拥有和过于严格的理性会制约文化的活力和生命力。雅克·巴尔赞在谈到蒙田对"人的理性的自以为是以及人的知识的有限价值"的讨论时则指出："我们这个世纪所拥有的知识远远超过了蒙田和拉伯雷的时代。我们是否因此而更加明智和幸福呢？现在有一种观点认为，我们不幸福的原因正是我们拥有知识。具有所谓双重思维的人完全可以像所有赞扬进步的人一样，渴望更多的知识，但同时也承认知识并不一定能改进生活质量。"① 雅克·巴尔赞还特别警告拉伯雷和

---

① 〔美〕雅克·巴尔赞：《从黎明到衰落：西方文化生活五百年，1500年至今》，林华译，中信出版社，2013，第151页。

蒙田对理性不要误用："不要用理性把一切经验简化为程式，要给冲动和本能留一定的空间。这一类的行动通常发自所谓'自然'或者'心'，两者都与'思想'形成对立。"①

尼采的观点则更为鲜明并具有影响力。他认为，在受理性支配的历史和文化中，古往今来的人们都被限制了创造力，不敢开拓，不能看到真正的前景，为此就要寻求人的真正本质，并且解放这种本质。尼采提出"权力意志"或"强力意志"的逻辑及其魅力、影响力都体现其中。

力量型文化是相对于消解型、娱乐型文化存在的。消解型、娱乐型文化作为一种自我消弭性文化，将人引向感官享受、物欲追求。这种享受性、享乐型的文化不能没有，因为文化是有娱乐功能的，但如果把整个文化都推向娱乐化、推向消费，那么最终文化的力量就被销蚀。

我们今天所倡导的力量型文化则与这种自我消弭型文化具有本质的不同，其主要体现就是文化的血性——融合了血性和理性，强调正义、勇敢的价值品性，鼓舞人们奋发向上的激情。

力量型文化源于中国先秦文化中宝贵的"士"的精神，这是我们民族血性的灵魂。对真理，"朝闻道，夕死可矣"；对事业，"苟利国家生死以，岂因祸福避趋之"；对强敌，"拼将十万头颅血，须把乾坤力挽回"。这种血性的力量型文化，至今还激励着中华儿女，让我们的民族长盛不衰、延续久远。

---

① 〔美〕雅克·巴尔赞：《从黎明到衰落：西方文化生活五百年，1500年至今》，林华译，中信出版社，2013，第217页。

二 力量型文化的弘扬

实际上，中国文化的流变在一定意义上就是一次又一次的从"血性张扬"到"血性消弭"再到"强大外来压力下的血性回归"的历史循环。文化的血性张扬之时，就是国运昌盛之日；文化的血性消弭之日，就是国运衰落之时。这种血性是力量型文化的灵魂，也使力量型文化带有如下特点。

1. 强调禀性的刚健和血性

例如，"杀身成仁""舍生取义""富贵不能淫、贫贱不能移、威武不能屈""为天地立心，为生民立命，为往圣继绝学，为万世开太平"等。深圳经济特区从诞生到发展，始终蕴藏着"敢闯敢试""敢为天下先""杀出一条血路"的精神力量。这种力量型文化已深深注入深圳的血脉，融合于深圳的体魄，体现于深圳发展的特色，成为深圳独特的精神标识和城市形象。

开拓进取、"闯"出一条新路是深圳的生机所系、力量所在。四十余年来，深圳以大无畏的气概，想常人所不敢想，行常人所未敢行，开拓了新思想新观念的发展空间，推动和引领人的思想观念和精神状态进入了一个新境界。深圳以勇于改革、勇于担当、敢为天下先的气魄，肩负着国家使命和时代担当，其精神贯穿"排头兵""试验田""先行示范区"先行先试的实践，是当代中国精神的一个缩影。

当来自五湖四海的移民"闯"出自己家门的时候，他们已经"闯"向了自己的憧憬和梦想，已经开始创造自己的新生活。正是在"闯"的过程中，无数移民开始在深圳圆梦。有许许多多的创新创业者，他们不畏艰难，勇于挑战，这种勇气和精神往往生长于荆棘密布的丛林，而非四季如春的温室，它是创新文化中珍贵的"血气"精神。改革开放中，深圳人在改革征途上义无反顾、勇往直前、将个人荣辱置之度外的表现正是这种"血气"力量的彰显。我们就是要构建和塑造一种融入血性精神的力量型文化，面对荆棘密布、风险丛生的创新征途，唯有那些真正的勇士才能抵达胜利的终点。

2. 强调意志的坚韧不拔

"自强不息"是中华文化当中刚健有力，创新进取的一面。创新本身体现的就是力量的勃发，是刚健自强的展现。在《周易》中，乾卦是六十四卦的第一卦，《乾卦·象传》说"天行健，君子以自强不息"。乾为刚健，引申为自强不息的力量和精神。《乾卦》说："乾道乃革。""革"就是改革、变革、革新、革命，就是创新。因此，"自强不息"一语体现了刚健与创新的内在统一，刚健是创新的力量源泉，自强不息就是鼓励创新。儒家"六经之首"的《周易》所蕴含"穷变通久"和"自强不息"观念，代表了中华传统文化的内省和自新精神。

"厚德载物"则是海纳百川、包容万象的一面。地势是顺着天的，君子效法地，增厚美德，包容万物，这是中国文化中包容意识的深刻表达。如果说自强不息是鼓励创新，那么厚德载物就是宽容失败。创新要靠刚健的进取精神，对于失败则要透过宽广仁厚之德行来包容。《国语·郑语》载史伯说"和实生物，同则不继"，《尚书·君陈》说"有容，德乃大"，《礼记·中庸》云"致中和，天地位焉，万物育焉"，佛家讲"无缘大慈，同体大悲""是法平等，无有高下"等，与中国古人常说的"海纳百川，有容乃大"一样，处处散发出宽厚包容的精神。"自强不息，厚德载物"二者构成了中华文明的一体两面，相辅

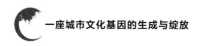

相成，不可分离，共同造就了中华文明的生生不息、自强自新。

3. 强调充满蓬勃朝气、昂扬锐气、浩然正气

如传统文化中的天下为公、勇于奉献思想，始终高扬着对人生、社会、国家的意义追求。这是一种意志的力量、精神的力量和文化的力量，是五千年中华文明在一个国土上生生不息、成为唯一存续下来的血脉支撑和根本原因。今天我们所讲的民族伟大复兴的"中国梦"，正是这种凝聚人心的力量。挑战传统，破旧立新，往往意味着新生命的开始，正所谓"周虽旧邦，其命维新"，象征着蓬勃向上的生命力，它体现着文化当中奋然卓起、刚健向上的一面，呈现的是文化的力量之美。没有力量型文化作为支撑的创新型文化无疑是没有生命力的，看似繁荣的背后往往可能隐藏着难以扭转的衰败趋势。

"鼓励创新"也是要造就一种力量型文化，它是刚健与创新的内在统一。创新本身就是力量的勃发，是刚健自强的展现。《杂卦》说："《革》，去故也；《鼎》，取新也。"《象传》说："天地革而四时成，汤武革命，顺乎天而应乎人。革之时，大矣哉！"由此可知，革命也好，创新也好，都离不开刚健自强的进取精神，这正是力量型文化的精髓。

力量型文化蕴含具有深刻影响力的核心价值观。核心价值观是重要的力量源泉，作为一种文化，真正令人信服的、或者说作为软实力核心的东西，就是核心价值观。例如作为一种文化来讲，美国的核心价值观就是自由、民主、博爱。欧洲文艺复兴时期新兴资产阶级所倡导的自由、平等、博爱，唤醒了整整一代人，一方面使生产力从封建的庄园经济发展到工业经济阶段；另一方面则打破了中世纪宗教的桎梏。核心价值的要义就那么几个字，但作为旗帜和鼓角发挥的战斗力和影响作用振

聋发聩。在这种核心价值面前，一切腐旧的、过时的东西，一切阻碍社会进步的观念都被摧枯拉朽般地连根拔起。美国新大陆一开始提倡的那些东西，比如在反对英国殖民主义时的《独立宣言》，是彻底击败不可一世的大英帝国的关键精神力量。又比如中华民族在 20 世纪上半个世纪的奋斗，当然靠武装斗争、靠马克思主义引领，但是爱国图存、民族复兴永远是这个时代的主题，它推动了一代代精英和人民去奋斗，这种核心价值到今天还在起作用。这是我们最重要的力量，是力量的源泉，也是力量的象征。

力量型文化是充满活力和生命力的文化。查尔斯·兰德利说，"活力是城市的原动力与元气"，"至于生命力，则攸关长期的自给自足性、永续性、适应性及自我革新性"。"富于创意活力和生命力的城市" 有赖于九项评估标准：关键多数（critical mass）、多样性（diversity）、可及性（accessibility）、安全与保障（safety and security）、身份认同与特色（identity and distinctiveness）、创新性（innovativeness）、联系和协同（linkage and synergy）、竞争力（competitiveness）和组织能力（organizational capacity）。[①]

4. 强调尊重文化的多样性

力量型文化具有文化多样性所带来的必要张力。在当今文化流动时代，文化越来越多地被理解为不同的社会沿着各自特有的路径不断演变的过程。保持文化的多样性，可以使每种文化不断地与其他文化进行信息、能量、资源的流通和交换，始

---

① 〔英〕查尔斯·兰德利：《创意城市：如何打造都市创意生活圈》，杨幼兰译，清华大学出版社，2009，第 327 ~ 328 页。

终保持旺盛的生命力。正因为如此，联合国教科文组织将文化多样性定义为"我们所有人（不论是个人还是群体）保持变化动力的能力"[1]。具有消费文化特征的纽约之所以具有影响全球的力量，其中关键的一点就在于纽约文化的多样性及其形成的强大活力和推动力。正如伊丽莎白·科瑞德所指出："这种活力和推动力来自时尚、艺术、电影、音乐和设计业所共同面对的人们多元、矛盾、冲突的感受与想法。正是这些多元化的东西成就了纽约这座城市，让它在艺术、文化发展方面笑傲全世界。"[2]

力量型文化拥有强大的创造力、竞争力和影响力。其中，文化创造力指文化生产和创新能力，主要包括以城市精神为核心的价值观念影响力、以原创能力为核心的文化创新力、以文化创意产业为核心的文化生产能力；文化竞争力是参与文化流动的能力，指一个城市在国际或国内文化市场所占有的市场份额和国际国内地位，以及维持和提高市场份额和国际国内地位的能力；文化影响力与文化软实力紧密相关，既包括一个城市的文化的吸引力和感召力，也指一个城市在文化流动中对国际国内文化市场和文化生活的实际影响。

发展力量型文化，必须重点从文化价值观、文化生态、文化生产三个方面着手展开。文化价值观，展现为弘扬与时俱进、刚健有为、自强不息的时代价值；文化生态，要求明智的城市管理者准确把握其最根本的职责，即锻造一种健康向上、积极

---

[1] 联合国教科文组织世界报告：《着力文化多样性与文化间对话》，联合国教育、科学及文化组织，2010，第4页。

[2] 〔美〕伊丽莎白·科瑞德：《创意城市：百年纽约的时尚、艺术与音乐》，陆香、丁硕瑞译，中信出版社，2010，第XI页。

活跃的文化生态，并使之成为城市发展理想；文化生产，直接体现在必须打造出弘扬主旋律、传播正能量的文艺精品，产出反映时代精神、代表学术水平的精品力作。

力量型文化，所代表的就是那种血气方刚的、血性的勇猛的文化。当然，我们并不拒绝纤巧柔丽，不拒绝笙歌曼舞，更不拒绝智慧而冷静的对话，但必须清楚在世界各民族的发展中，要想保证民族文化的长盛不衰、延续久远，必须凸显和展示出民族文化中血性的因子，这种勇猛、血性的文化也是民族文化内在力量的体现。力量型文化也不排斥消费、娱乐和物质，关键在于超越消费主义、享乐主义和物质主义，能够在物质与精神、理性与非理性的冲突中凝聚面向未来和可持续发展的强大动力。

三　小结

文化的力量能让人类远离荒芜和愚昧走向文明，让人们紧密团结，让远离的心凝聚，让人们有改造世界的愿望和动力，让人们在贫瘠的土地上看到希望，让一个民族的灵魂不散，让一个国家有自己的辉煌，让人们看到繁华背后的深邃，让人类永远信心百倍地勇往直前！

作为文化的要素之一——力量，是推动文化发展的重要源泉，任何创新、进步都离不开力量。任何物质与非物质文化都是通过转换成力量发挥其作用的，再积极的文化如果不能转换成力量其作用都等同于无。所以，文化要发挥作用必须适时转换为相应的力量。而文化的力量又常易在使用过程中无端消耗，如同物体运动会受到摩擦力影响一样。如果拥有力量型文化却

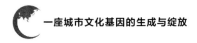

缺乏适应环境的行为方式，力量型文化也可能导致明智者做出具有破坏力的决定！

　　力量型文化具有强大的创造力、竞争力、影响力，要让贫瘠变得肥沃、让愚昧走向文明、让人们逐渐接近真实的世界，就必须重视力量型文化的培养、发展。要培育力量型文化就要在不同形态的文化氛围中形成切实可行的组织结构和管理机制，以便最合理地配置资源，特别是最大限度地挖掘和利用人力资源的潜力和价值，从而最大化地提高综合效益。要发展力量型文化就必须从文化价值观、文化生态、文化生产着手，弘扬与时俱进、刚健有为、自强不息的时代价值，管理者要准确把握根本职责，形成健康向上、积极活跃的文化生态，打造出弘扬主旋律、传播正能量、反映时代精神的精品力作。

第八章

创新型文化

创新是一个城市、一个民族、一个国家进步的关键所在，也是一座城市、一个民族、一个国家可持续发展不竭的动力源泉。城市之间、民族之间、国家之间的竞争与较量在很大程度上取决于各自的创新能力，创新能力强则可领先一步，并能在竞争中处于有利地位；创新能力弱则很容易自我停滞，在竞争中常常处于被动、不利的地位。

创新相对于既成，与守旧对立，总是被有远大抱负者所推崇，无论是个人、城市，还是民族、国家，如果自觉选择不断创新，就会不断爆发出强大的创造力，就会不断创造奇迹。守旧者固守传统，膜拜积淀，漠视创新，忽视或轻视变化活力和创造力。而创新者立足传统，辩证地看待积淀，重视改变，敢对传统与现实说"不"。要发展创新型文化就必须保持文化创新的能力和活力，而创新型文化集中体现为精神文化层面的观念创新、制度文化层面的制度创新、物质文化层面的技术创新。

深圳经济特区的发展史就是一部创新史，经过岁月的沉淀，从一种观念升华到一种氛围。"鼓励创新，宽容失败"的理念和对其自身的精准战略定位让深圳人更"敢闯敢试"，也塑造了深圳宽容的城市性格。"来了就是深圳人"这种海纳百川的宽阔胸怀激励了无数人才怀揣梦想而来，使深圳成为孕育创新的温床、培养创新人才的摇篮。

一 创新与守旧

创新与好奇心、想象力、创意和发明等密切相关，其核心特质包括：以开放的思维解决问题的能力，勇于承担智识风险、尝试以新的方式探讨问题、具有实验精神，具有反思与不断学习的能力。对创新较为狭义的理解则认为：创新不同于创意，"创意就是利用现有想法产生新的想法"，而"创新是创造出原本不存在的事物，或者修改已经存在的事物"。①

创新型文化则相对于既成文化而言，是一切新兴城市共同的文化特色，也是有着远大抱负的城市必然推崇的一种文化特色。一个城市如果自觉地选择创新型文化，就会具有强大的爆发力、造就出文化发展奇迹，最典型的如深圳。

创意城市之父查尔斯·兰德利指出：对城市，特别是世界性城市而言，要在 21 世纪取得繁荣与发展，就需要形成一种创造性文化——这就是，在你的世界正经历认知转变的时候，你拥有从新的角度重新思考问题的能力。② 这种创造性文化就是一种创新型文化。

创新型文化与守旧型文化相对立。守旧型文化较看重文化积淀，固守于传统，膜拜于积淀，漠视甚至压制文化创新，忽略文化的变化活力和创造力。而创新型文化作为一切新兴城市共同的文化特色，能够帮助城市发展从文化积淀论中抽离，不

---

① 联合国贸发会议主编《2010 创意经济报告》，中国社会科学院文化研究中心译，《社会科学报》2011 年 12 月 15 日。

② 〔英〕查尔斯·兰德利：《作为创意城市的伦敦》，《创意产业读本》，曹书乐、包建女、李慧译，清华大学出版社，2007，第 194 页。

再被动地依赖于慢慢积累形成的文化，因为这种积淀形成的城市文化反过来会造成思想樊篱、自我局限，阻碍城市的发展。文化积淀对于形成特定的文化民俗、文化遗产乃至文化精神有着重要作用，文化积淀论的错误在于把"积淀"之于文化的作用绝对化，认为"积淀"是文化发展的唯一途径，也是评判文化优劣的唯一标准，从而把传统作为唯一的文化遵从，看不到文化流动所造成的恣肆纵放、丰富多彩所爆发出的惊人活力。

创新型文化的基本精神是批判精神。批判精神的实质，就是敢于对传统和现实说"不"。任何一种新观念、新文化的产生都意味着对传统和现存理论或方法的解构和再诠释，新观念、新文化的产生往往是一个颠覆性的过程，因而建构新的观念、新的文化需要足够的理论勇气和创新精神，要敢于挑战权威、敢于提出新的理念、敢于创造新的方法。实际上，批判作为一种"建设性的争执"已经成为创新的一种必要程序，新观念、新文化、新思想和新方法的产生绕不过这座桥。创新理论创始人约瑟夫·熊彼特认为，创新活动之所以发生，是因为企业家精神的存在。"典型的企业家，比起其它类型的人来，是更加以自我为中心的，因为他比起其它类型的人来，不那么依靠传统和社会关系；因为他的独特任务——从理论上讲以及从历史上讲——恰恰在于打破旧传统，创造新传统。"[1] 熊彼特所说这种企业家精神就是典型的创新精神，其中特别强调的是"打破旧传统，创造新传统"的能力。查尔斯·兰德利也认为："从历史

---

[1] 〔美〕熊彼特：《经济发展理论》，何畏、易家详等译，商务印书馆，1990，第 102 页。

角度来看，使城市命脉得以存续的，正是能挑战传统界限的创意。"①

因此，发展创新型文化必须保持文化创新的能力，新观念、新制度、新技术是创新型文化的集中体现。这种创新型文化在深圳这片土地上集中体现为精神文化层面的观念创新、制度文化层面的制度创新、物质文化层面的技术创新。

二　观念创新的引领

精神文化层面的观念创新是创新型文化的实质，展现的是观念的力量。观念的创新不仅仅是风尚的演变，更是价值的流变。一个城市要想保持活泼的生命力、保持文化的辐射力，就必须有观念创新的能力，并通过观念创新形成文化发展的领先优势。

（一）观念创新，从"轴心时代"说起

观念作为人类精神文化的核心，属于人类文化的最顶层。在社会历史发展的不同时期，都会产生一些影响巨大的思想观念。在被称为"轴心时代"的公元前八世纪至前二世纪，作为东西方文明的重要发源地，无论是东方中国的"百家争鸣"，还是西方古希腊、罗马的"公民广场"，都是人类文明精神的重大突破时期，也是观念迭出、思想解放的文明繁盛时期。在"轴心时代"里，东西方的先哲们——古希腊的苏格拉底、柏拉图、

---

① 〔英〕查尔斯·兰德利：《创意城市：如何打造都市创意生活圈》，杨幼兰译，清华大学出版社，2009，第51页。

亚里士多德和古印度的释迦牟尼以及中国的老子、孔子——提出了许多崭新的思想和观念，塑造了不同的文化传统，深深地影响着人类此后的生活。可以说，人类文明史其实就是观念的变革史和创新史。

早在米诺斯文明和迈锡尼文明时期，爱琴海诸岛与埃及以及其他近东各地就有了密切的贸易往来。作为海洋民族，希腊人有着商业天赋，他们勇敢活跃、求知好学、敢于创新，而便利的地理位置所带来的包容、开放为希腊人创新孕育了条件，这一点在雅典体现得淋漓尽致。对外开放是雅典民主政治的一个重要标志，伯里克利曾说："我们的城市，对全世界的人都是开放的。"希腊人在广泛汲取东方文化营养的基础之上创新性地创造了灿烂的希腊文化，这种创新性观念对后世影响极其深远。

城市的生命力与辐射力，源自观念创新的能力，并通过观念创新，形成文化发展的领先优势。最典型的例子莫过于历史上法国的巴黎和意大利的佛罗伦萨。巴黎之所以受到尊重，最重要的是因为它曾经作为欧洲乃至世界思想文化的中心，是启蒙运动和人文精神的历史重镇。伏尔泰、卢梭以及百科全书派思想家们所阐述的天赋人权、社会契约思想和"自由、平等、博爱"理念，以及《拿破仑法典》所体现的现代民主法治精神，成为全人类的共同文化遗产。正因有这些领先时代的观念做基石，巴黎才能诞生伏尔泰、大仲马、雨果、莫泊桑等伟大的文学家和莫奈、雷诺阿、塞尚、高更等知名的艺术家，进而成为世界著名的艺术之都、时尚之都、文化之都、浪漫之都。

当今是一个创新的时代。通过拼创意和创新，占领文化的制高点，这已是世界先进城市在其城市发展战略中优先考虑的因素。伦敦最先提出要维护和增强伦敦作为"世界卓越的创意和文化中心"的声誉,纽约将城市精神确定为"高度的融合力、卓越的创造力、强大的竞争力、非凡的应变力",东京提出"从功能城市走向文化城市"和"从国际城市走向创意城市"的战略构想。这些城市的共同点在于用观念植入城市的内核,而它们的特殊性在于观念的个性化表达,正是这些独具个性的观念赋予了伦敦、纽约、东京等城市多样的灵魂,让它们成为独立的思想单元。

(二)深圳的"十大观念"

四十多年来,深圳正是以大无畏的气概,想常人所不敢想,行常人所未敢行,"闯"入一个个传统观念的禁区、雷区,引起一个个振聋发聩的思想观念大爆炸:关于特区姓"社"姓"资"问题的争论、关于"时间就是金钱,效率就是生命"的大讨论、关于特区是否继续"闯"的分歧和争辩……这些先进的观念成为当时中国思想界最受关注的前沿突破,吸引了成千上万的新移民来到深圳这块陌生的土地上开发创业,开辟了特区改革发展的新路径,开拓了新思想新观念的发展空间,使人的思想观念和精神状态进入了一个新境界,推动了深圳经济的超速发展和社会的全面进步。这是观念所产生的影响力和感召力,也是观念创新的力量。

2010 年 8 月,深圳经济特区成立 30 周年之际,深圳举办了"深圳最有影响力十大观念"评选活动,经过几百万人的投票和多轮严格评选,属于深圳的"十大观念"诞生了,包括:"时间就是金钱,效率就是生命""空谈误国,实干兴邦""敢为天下先""改革创新是深圳的根,深圳的魂""让城市因热爱读书而受人尊重""鼓励创新,宽容失败""实现市民文化权利""送

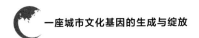

人玫瑰，手有余香""深圳，与世界没有距离""来了，就是深圳人"。这十大观念是深圳一切实践活动沉淀和凝结的信条，是城市生命活力之所在。

"深圳十大观念"是深圳践行南方谈话精神的观念创新，也是探索回答和解决社会新问题、新矛盾的勇敢尝试。其中，"时间就是金钱，效率就是生命""空谈误国，实干兴邦""敢为天下先"侧重于经济；"改革创新是深圳的根，深圳的魂""深圳，与世界没有距离""来了，就是深圳人""鼓励创新，宽容失败"强调的是管理；进一步延伸到文化则是"实现市民文化权利""送人玫瑰，手有余香""让城市因热爱读书而受人尊重"。深圳观念是深圳价值体系的提炼和总结，具有强大的创造力，激励着市民的创新创意，催生了一大批富于创新精神的龙头企业，打造了城市的创新品牌和价值品牌。

嘉峪关"丝路神画"、南宁"方特东盟神画"、安阳"殷商神画"……深圳华强方特集团针对中国不同的地域文化资源，深入挖掘全新创意，以高科技手段创新性地打造了一批展示和传播中国不同地域特色文化的主题乐园，并实现了我国自主品牌文化主题乐园向国外的输出。① 华侨城文化集团则通过深入挖掘甘坑凉帽的文化内涵，将非物质文化遗产成功转化为"IP Town"特色小镇，并率先探索数字创意产业发展方向，搭建文化创意产业生态链。类似的企业还有很多，而一个个龙头文化企业在深圳从 0 到 1 迅猛生长，这离不开深圳对创新的鼓励，以及对失败的包容。

---

① 《华强方特：用"文化＋科技"讲好中国故事》，《深圳商报》2017 年 7 月 13 日。

深圳在 2017 年第十三届中国（深圳）国际文化产业博览交易会期间首发城市文化菜单，这是我国第一份对标国际一流城市推出的文化菜单。文化菜单收录了国际化、标志性的品牌文化活动 28 项，如"一带一路"国际音乐季、深圳马拉松、深圳设计周暨环球设计大奖、深圳（国际）科技影视周，活动种类丰富多彩，也为深圳市民创造了"月月有主题，全年都精彩"的城市体验，而以城市文化菜单的形式将深圳标志性文化活动整合起来的观念创新更是这份菜单的奥妙之所在。

深圳是一座梦想之城，孕育着无数力图开创新生活的移民的追求与梦想。回顾深圳建设史，能吸引那么多"寻梦人"的正是深圳在观念上敢于创新，而非这里的高楼大厦等物质财富。深圳的"十大观念"，通过创意十二月、市民文化大讲堂、文博会等文化活动外化体现，早已潜移默化地渗透到深圳市民生活中。正因深圳勇于创新，敢为人先，其文化发展创意十足，总能先行一步；因为锐意改革，破除樊篱，其文化发展常常动力强劲、后劲十足。①

三 制度创新的内核

文化的中观层面是制度，制度包含一种文化处理人和人、人和事、人和自然等关系的基本理念和基本能力。无论是观念变迁，还是行为变动，最终都要在制度层面上加以落实。制度创新最能反映一种文化自我管理、自我调整的能力，而制度创新也是观念创新、行为创新的根本所在。

---

① 视觉线：《改革创新是深圳的根，深圳的魂》，搜狐网，2012 年 8 月 23 日。

（一）制度创新的历史先驱

作为一种以倡导创新、激励创新为取向的文化形态，创新型文化必须在制度创新中实现并得到巩固，以建立创新的体制机制。以善于制度创新的美国为例，其根源可以追溯到《五月花号公约》。1620年11月11日，经过海上66天的漂泊后，"五月花"号上102名到北美大陆的先驱者们，共同签署了一份公约，目标是建立清教徒式理想社会的"山巅之城"。这份公约宣称：自愿结成民众自治团体，并保证遵守和服从将来颁布的对他们全体人"最适合、最方便的法律、法规、条令、宪章和公职"。这是美国历史上第一份重要的政治文献，字数寥寥，但其重大意义却可与英国《大宪章》、法国《人权宣言》相媲美。美国后来的《独立宣言》正是在此基础上制定的，信仰、自愿、自治、法律……这些关键词几乎涵盖了美国立国的基本原则，也为美国自由多元的文化氛围奠定了基调。正是在这样的文化调性中孕育出充满神话色彩的美国梦与以"创新、创造"为内核的美国精神。

日本在亚洲金融危机发生后，大力促进产业结构调整，实施"文化立国"战略，制定了《振兴文化艺术基本法》及《振兴文化艺术基本方针》《文化产品创造、保护及活用促进基本法》，打出"将美国霸占全球文化产业剩下的那一半收入囊中"的口号，以动漫为突破点，发展成有世界影响力的文化产业大国。

英国更是这方面的典型，1997年最早提出"创意产业"概念，近年来相继发布《创意英国》《数字英国》报告，提出打造全球创意产业中心。创意产业已成为其经济引擎、就业人口最多产业，其产值超过任何一种传统制造业产值，即使在最严峻的 2009 年，创意产业外贸额仍达 89 亿英镑，占出口总额的 10.6% 。伦敦奥运会给人留下最深刻印象的是展示了英国创意产业的强大实力和伦敦作为"世界卓越的创意和文化中心"的傲人风采。

（二）肩负重任的深圳"制度"

深圳的制度创新是带着使命感而来的。它率先实现各类体制的改革创新，如从当年以创新为旗帜而备受瞩目的"蛇口模式"，到率先探索建立社会主义市场经济体系；从特区成立后创造的 400 多个全国第一，到国家自主创新型城市建设中形成的城市创新体系。在深圳，"敢闯敢试"除了表现为实干、拼搏，更重要的是，一方面勇闯法律的"盲区""禁区"，如最早敲响土地使用权拍卖的第一槌；另一方面，又特别尊重"立法""守法"的创新。

1992 年 7 月，全国人大授予深圳经济特区立法权。2000 年 3 月，授予深圳较大市立法权。至 2013 年底，深圳共制定法规 227 项，为我国地方立法最多的城市之一，并且有 1/3 是在国家没有相关法例的情况下新创的，《深圳经济特区股份合作公司条例》《深圳经济特区改革创新促进条例》《深圳经济特区文明行为促进条例》《深圳经济特区社会建设促进条例》等法规具有重要的里程碑意义。这些法规条例为深圳率先实现的各类制度的改革创新，创造了上千个"全国第一"或"领先""率先"，特别是为建立社会主义市场经济的基本制度框架奠定了坚实的法律基础。[①]

---

① 王京生：《城市文化"十大愿景"》，中国人民大学出版社，2015，第 242 页。

2008 年 9 月，深圳发布了我国第一部《深圳国家创新型城市总体规划（2008—2015）》，这份首创性规划在帮助深圳梳理自身不足的同时，助力深圳在创新载体建设、新兴产业聚集、创新文化营造方面取得傲人的成绩。随着一系列制度的落实，深圳在高新技术产业有华为、腾讯、比亚迪等知名企业驰骋海内外市场，在战略性新兴产业领域，涌现了大疆、普门科技、云天励飞等行业新星。

可以说，制度创新是城市发展的道路建设，它使目标达成有了可行之路、可渡之舟。

深圳的一路风雨、一路凯歌，处处呈现着制度创新之美。"十三五"期间，深圳实施贷款贴息贴保计划，累计对中小微科技型企业予以 1.4 亿元贴息支持；推动设立全国首支 50 亿元规模的天使投资引导基金，并于 2020 年增资 50 亿元至百亿元规模，累计投资 230 多个天使项目……①这些数据表明，以企业为主体发展市场的制度创新，不仅需要决策层高瞻远瞩的目光，还需要有慷慨的手笔，更需要精准扶持的路径。

如今，深圳在粤港澳大湾区建设中被赋予了"核心引擎"的定位，在建设中国特色社会主义先行示范区的战略中，更是被赋予"高质量发展高地"的使命。

未来，深圳会在制度创新的道路上铿锵前行。2020 年 10 月，中办、国办印发的《深圳建设中国特色社会主义先行示范区综合改革试点实施方案（2020—2025 年)》②明确提出了市场

---

① 《深圳创新带来的启示》，《深圳商报》2021 年 5 月 12 日。
② 新华社：《中共中央办公厅国务院办公厅印发〈深圳建设中国特色社会主义先行示范区综合改革试点实施方案（2020—2025 年)〉》，中华人民共和国中央人民政府门户网站，2020 年 10 月 21 日。

化配置体制机制、科技创新环境制度、开放型经济体制、民生服务供给体制、生态环境和城市空间治理体制等方面的实施措施，勾勒出深圳未来五年的发展蓝图。深圳扮演了制度性开放先行者的角色，国家期待深圳形成一批可复制推广的重大制度成果，为全国制度建设做出示范。

四　技术创新的翅膀

现代文化生产已经在相当程度上依赖科技的开发和高新技术成果的运用，技术创新能力的强弱将直接影响现代文化生产的质量与水平。科技进步与文化的创新、与文化力量的形成本质相关。在当今文化流动时代，技术正以前所未有的态势影响着文化的生产、传播和消费，创造着新的文化发展模式。因此，文化与技术的结合是发展创新型文化的首要途径，集中体现在物质文化层面。

（一）技术与文化回溯

技术进步与文化创新的互动是人类社会文明演进的主旋律。纵观人类历史，文化的发展始终与技术进步紧密联系在一起。农业社会时期，中国古代的四大发明，特别是造纸术和印刷术，大大降低了学习的成本，提高了知识传播的效率，推动教育从贵族向平民社会迅速普及，社会生产力随之得到提高。十七、十八世纪的西方，由培根、莎士比亚等人所推动的人文主义思潮为牛顿等科学家们进行科学探索并提出新的理论提供了优越环境，加上海上贸易的扩大和市场意识的形成，为纺织机、蒸汽机等技术的发明和产业化创造了有利条件，从而将人类带入了崭新的工业革命时代。而 20 世纪下半叶以来的信息技术革命，特别是 20 世纪 90 年代互联网、移动通信技术的不断升级和在全球范围的广泛应用，更是极其深刻地改变了人们的工作和生活方式，催生出新的文化样式，精彩纷呈的文化产品和文化消费，无一不是文化与科技有机结合的产物。历史表明，科技是文化形态演进的催化剂，科学技术的每一次重大进步，都会给文化发展带来革命性变化。

在科学技术迅猛发展的当今时代，科技正日益广泛渗透到文化领域，革命性地改变了物质文化的生产方式、传播方式和消费方式，赋予了文化新的内涵、新的功能和新的形态，科技与文化相互融合和相互促进从来没有像今天这样紧密。如丹麦的一份文化与商业研究报告就指出：硬件与软件的制造齐头并进。每当新科技诞生，也同时产生新的可能性，而内容生产者不但迎头赶上，也会回头刺激科技更进一步发展。①

无论是从中国发展的路径，还是从世界范围的发展来看，文化与技术的融合正是文化大发展的先决条件，甚至可以说，文化要大发展、大繁荣，文化与技术的融合是铁律，这个铁律已经被整个人类文化发展史所证明。

因此，文化与技术的互动是人类社会文明演进的主旋律，技术创新和文化创意是城市中创新型文化最鲜明的特质，是城市发展的"车之两轮""鸟之两翼"，也是诸多西方国家得以快速发展的动力源泉。如工业革命发源地曼彻斯特、伦敦，都借助技术创新和文化创意扭转了经济衰落局面，实现华丽转身，

---

① 〔丹麦〕丹麦文化部、贸易产业部：《丹麦的创意潜力》，李璞良、林怡君译，台北典藏艺术家庭股份有限公司，2003，第 87 页。译文略有改动。

成为有重要影响力的全球文化中心城市。美国文化之所以能影响全球，特别是美国影视产品之所以能占领世界各地的市场，与高新技术的运用有着重要的联系。

再如，曾在亚洲金融危机中陷入经济谷底的韩国仅用了短短 5 年时间，就再度崛起，创造又一次经济增长的奇迹。这一奇迹，正是韩国政府力推文化科技产业取得的关键性成果。韩国网络宽带基础设施建设十分迅速，但他们把发展网络游戏等应用作为关键，把电子游戏产业作为其 21 世纪的核心产业，不仅将其培养成重要的出口行业，还借游戏和影视剧向全世界推广韩国文化。实践证明，韩国推动文化科技产业发展的远见使他们重新赢得了市场。

在欧债危机的冲击和经济增长长期低迷的情况下，文化科技产业已成为重要的引擎产业，成为区域与城市经济转型和产业升级的重要动力和领域。如法国积极扶持文化创意产业，政府坚定表示"文化预算不能减少一分一厘，因为文化可以有效抵御经济危机"。法国文化部工作重心之一就是资助并推动文化行业的数字化，电影产业成绩斐然，艺术品拍卖市场连年创下骄人的销售业绩。

由此可见，要提升文化生产水平，首先必须要通过文化科技的创新形成优势，特别是在数字技术、信息技术等现代高新技术成果的运用上领先一步。

（二）深圳文化的技术革新

技术促进文化创新、形成文化力量的最直接表现是文化产业的勃兴与强势发展，这一点在深圳体现得淋漓尽致。正如英国借助技术的力量实现华丽转型、美国凭借高新技术打开国际市场，改革开放四十余年来，本是边陲渔村的深圳通过高新技术的强劲发力，成长为全国科技创新和文化创新重镇，获得了"科技之城""创新之都""创客之城"等美誉。

深圳在国内率先提出自主创新城市战略，PCT 国际专利申请量连续 16 年位居全国第一。企业自主创新出现"6 个 90%"现象，即 90% 的创新型企业是民营企业，90% 的研发人员在民营企业，90% 的研发投入来自民营企业，90% 的专利产生于民营企业，90% 的研发机构建在民营企业，90% 以上的重大科技项目由民营龙头企业承担。

实际上，深圳的技术创新道路并不是一帆风顺的。深圳市的主政者曾多次在公开场合表示，深圳转变经济发展方式面临土地、空间、税收、人才引进、公共服务建设等多个领域的政策性和制度性障碍。首先是城市承载力矛盾。2010 年，美国《福布斯》杂志公布全球人口最稠密城市排行榜，深圳以 17150人/平方千米的人口密度，位列全球第五位。毫不夸张地说，深圳已经成为全国"最拥挤"的城市。其次是城市产业结构矛盾。深圳经济特区的经济模式从"三来一补"加工工业起步，把发展现代都市型产业作为自身的产业定位，因此深圳一直致力于大幅提高现代服务业在第三产业中的比重，加强战略性新兴产业在第二产业中的比重。最后是城市管理的矛盾。由于深圳在2010 年才扩容，它必须快速补齐原特区内外公共服务的巨大落差。①

但矛盾与机遇并存。作为我国改革开放的试验田，为应对深圳在资源和空间等方面受到的限制，深圳市政府积极探索自

① 杨柳：《基因与潜能：创新驱动发展》，海天出版社，2020，第 3~12 页。

主创新的发展方向，重点发展高新技术产业，走上了自主创新之路。1995 年，深圳把高新技术产业作为第一支柱产业，通过举办高交会、深创赛、创业之星等各种创新创业活动，促进全市科技产业持续高速发展。[①] 经过 20 多年对科技产业的聚焦发展，深圳市形成了全社会崇尚创新思维、支持创新活动、保护创新成果的良好创新环境，吸引了全国乃至全球的创新资源。

提到高科技企业集聚就不得不说深圳市南山科技园，这里聚集了腾讯、华为、中兴等一系列高科技公司，形成了浓厚的科技创业、创新氛围。谈及深圳市南山区，很多人认为这里是"中国硅谷"，驱车其间，我们可以透过车窗看到一个个高科技企业的身影，如大疆、中兴、柔宇、光启、光峰光电等行业中的佼佼者；而进入南山智园创客服务中心，则更像是进入了一个只存在于科幻电影当中的世界：跳舞的"春晚机器人"、磁悬浮音响、纳米抑菌喂食器……这些产品让人眼花缭乱。[②] 正是技术创新的力量让诸多高科技企业会集于此。

"深圳的文化发展道路是超常规的，这与深圳的高新科技发展密不可分。"著名深圳文化学者胡野秋说，文化的发展道路按常理说是非常缓慢且需要历史积淀的，但深圳开辟了属于自己的道路，即"文化 + 科技"模式。

深圳在全国率先提出并积极探索"文化 + 科技"的产业发展新模式，利用高新技术推动文化产业由传统模式向以数字、创意为特征的现代模式转变，培育了华强方特、腾讯、迅雷、A8 新媒体、环球数码等一批文化科技融合型企业。而发达的技

---

① 杨柳：《基因与潜能：创新驱动发展》，海天出版社，2020，第 3 ~ 12 页。
② 张军：《深圳奇迹》，东方出版社，2019，第 28 ~ 30 页。

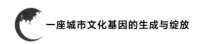

术也让深圳的文化体现出数字化特征，如微信就是很重要的社交文化工具。

　　每一片叶子都有着独一无二的脉络，深圳文化产业发展路径也处处彰显着"深圳特色"。"文化与科技紧密结合、创意与创新水乳交融"是其发展的最独特的 DNA。经过近些年的发展，深圳文化产业从传统模式向以数字、创意为特征的"文化＋科技"模式转变，着力发展创意设计、动漫游戏、数字媒体、影视演艺、高端印刷、文化软件及文化旅游等 7 大产业群，培育了一批规模较大、实力强劲、发展迅猛的领军企业，形成了以腾讯、华侨城等为龙头，以云中飞、大地影院、华强方特、创梦天地等为第二梯队以及以雅昌、环球数码、聚橙网、墨麟、奥雅、冰川等为第三梯队的合理的梯次发展结构。①

　　"高端、创意、创新"是深圳文化的独特优势，"品质、内容、数字"则为深圳文化的闪亮名片。如腾讯的游戏平台，打造了"王者荣耀""绝地求生"等一系列风靡全网的爆款游戏。华强文化的《熊出没》则荣获两届全国精神文明建设"五个一工程"奖，《熊出没·变形记》更是成为中国电影史上第二部票房超 6 亿元的国产动画片。还有一系列以文化为内容，以科技为支撑的创新链和产业链正在深圳的文化基因中孕育，如创梦天地与腾讯视频携手打造全国首家线下体验店，打造泛娱乐技术新生态。数字视觉创意企业数虎图像，随着全息幻影成像、裸眼 3D 技术等新技术的推出，成为行业领军企业。新媒体公共艺术企业声光行，以最前沿的声、光、电技术为支撑，以互动

---

① 《"文化＋科技"激活创意 深圳南山探索文化产业新路径》，房讯网，2018年 5 月 10 日。

艺术为内容，在市场占有一定份额。

深圳的文化创新以文化为根，将技术作为翅膀，实现了从传统的单一文化产品生产到多元、现代、高科技的文化产业的转型升级。这也可以证明，科技力量可以激活文化的创新，可以实现文化与科技之间的优势互补和相互促进，进而增强城市的整体竞争力和可持续发展能力。

五 文化驱动创新

创新，为人类带来的是福祉，为国家带来的是繁荣。在浩瀚的历史长河中，创新改变着世界的容颜，也成为国家之间较量的利器。就像"十大观念"之一"改革创新是深圳的根，深圳的魂"，深圳文化的蓬勃发展，离不开创新。深圳的技术、制度、观念创新之所以使文化建设开花结果，一定程度上也得益于深圳这个多元的文化熔炉，使更多创新与创意落地生根。

（一）作为文化熔炉的深圳

深圳文化产业的勃兴，不能否认得益于改革开放的伟大社会变革和社会实践，而深圳作为改革开放的"窗口"，得风气之先，受外来文化影响较深也是其中的重要原因。深圳之所以能够成为现代中国新的城市文化样本，是因为这座移民城市的传统观念相对淡薄，从而使文化形成了开放多元的特征。

深圳的移民特性与纽约有相似之处。作为一个文化积淀并不深厚的城市，在讨论纽约何以成为全球一线城市和全球一线文化城市时，加拿大学者贝淡宁和以色列学者艾维纳在《城市的精神》中提到，"纽约幸运地拥有具有公共精神的资本家，他们使用财富促进文化的发展"只是部分原因，真正的原因在于，"纽约不仅以在博物馆里保存的伟大艺术品而闻名，更因为其艺术世界的创造性和创新而闻名"，"令变化过程如此具有创造性的因素是，这里存在各种不同的起点"，"纽约新文化形式爆炸的主要原因是移民的多样性"，来自完全不同民族和语言及社会背景的移民"具有新的视角，质疑传统的行为方式，促进创新"。①

同理，内地、港澳台同胞以及其他各国人口的涌入，给深圳带来了多样的文化。而这种多样文化作用到文化产业上时，使得创意文化、动漫文化、设计文化、时尚文化等都带上了强烈的"深圳特色"，多元性也成为深圳作为文化熔炉最显著的文化特质之一，这种多元文化的最主要的特点是不再强调主流地域性文化的统治地位，使得各类文化都能在同一水平线上"奔跑"。

深圳的文化熔炉经过时间沉淀，进一步为文化创新提供了诸多有利条件。有学者认为其原因主要基于如下方面。首先，深圳的传奇发展经历和丰富机会造就了深圳移民文化中对风险的低规避度。那些离开自己的源文化来深圳创业和工作的移民，大多数人都抱着各种梦想，他们愿意承担风险，主动冒险，并且在奋斗中产生了大量的成功案例，大大降低了深圳移民文化整体的风险规避度。其次，深圳移民文化的创新精神特质源自历史和责任。深圳的发展肩负着中国社会经济和政治发展探索

① 〔加〕贝淡宁、〔以〕艾维纳：《城市的精神》，吴万伟译，重庆出版社，2012，第 297～298 页。

者的重任，深圳经济特区的出现本身就是一个伟大的创新。① 另外，创新要素的集聚和溢出成就了深圳鼓励创新的宏观环境。这些创新资源的汇集产生了溢出效应，使得深圳凝集了一大批优秀的企业和企业家，更是探索出了"文化 + 科技""文化 + 金融""科技 + 金融"等新业态，推动深圳成为具有国际竞争力的新兴产业集聚高地。

（二）文化星光照亮创新苍穹

浩瀚的星空中有一些星星格外明亮，古人依照它们在黑夜中判断时间并确定方位。人文的星空同样如此，文化是人类智慧的结晶，凝聚着人类的信念和理想，闪耀着人性的光辉，照亮并激励着人类持续创新，勇敢前行。正如著名作家茨威格所说："一个民族，千百万人里面才出一个天才；人世间数百万个闲暇的小时流逝过去，方始出现一个真正的历史性时刻，人类星光璀璨的时辰。"

四十年，对于人类历史来说只是弹指一瞬，但对于深圳，在这短短四十载，各种资源、不同人群迅速集结于此，他们成为深圳创新的源泉。可以说，深圳各方面的创新发展离不开特有的文化价值观的影响，而文化价值观的塑造离不开千千万万个体的作用。

文化驱动创新，最根本的是核心价值长期引领。核心价值是一种高级文化形态、精神形态。儒家思想的核心价值是"仁义礼智信"，其包含了自强的力量、兼容的气度和通达的智慧；

---

① 程达军：《移民文化、技术创新与深圳企业国际化经营》，《经济论坛》2013年第 6 期。

美国的核心价值观为自由、民主、博爱，它使美国文化对精神层面的追求远远胜过对物质的追求；而如今深圳的核心价值则紧紧围绕社会主义核心价值体系，从个人层面的价值准则延伸到国家层面的价值目标。这种核心价值的要义只有几个字，但在文化和创新上的影响作用，作为旗帜和鼓角，振聋发聩。深圳，过去是"摸着石头过河"的经济特区，如今是为整个国家提供经验的社会主义先行示范区，这便是核心价值引领的作用。

文化驱动创新，从观念指引到创新自觉、自信、自强。深圳"十大观念"是社会主义市场经济的产物，体现了社会主义市场经济从破冰到发展的一系列核心价值，像号角和旗帜，引领潮流。如今，观念文化引导下的创新作为深圳的生命线和灵魂，已深深地熔铸为深圳经济社会发展的内部机能，并逐步转化为一种自觉自信，文化的力量带来了创新的崛起。打造创新型文化，形成自强不息的人生理念、敢为天下先的人生态度和主动的反思能力与批判精神，为创新提供观念指引。正是因为深圳文化的流动性，创新的自觉、自信和自强才得以建立。

文化驱动创新，从所需的企业家精神到创新创业阶层。企业家精神是企业的人格化，也体现着整个国民素质的水平，是国家生产力发展水平的综合性反映。企业家精神对国家兴旺之所以重要，是在于其创新的精神与勇于开拓的品质。而近年来，创新创意成为热门的研究领域，创新创意的实施者——创新创意阶层——与企业家的区别在于他们制造新理念、新科技、新内容，是文化、观念、思想等"软实力"的缔造者，涉及音乐、文学、电影等领域，且更强调科技和文化的核心作用。如今"文化＋科技"两条腿走路的模式已经成为经济发展的重要模式，这也是深圳最具代表性的文化产业模式，每年深圳文博会的数字文化馆就有许多文化科技企业参展，比如华强方特、奥雅设计、数虎图像、懒人在线、太和世纪等，这是当代创新创意阶层在用"文化＋科技"模式激活"创意密码"，赋予文化产业新动能的现实成果。

文化驱动创新，从双创提供空间、环境支持到"鼓励创新，宽容失败"的氛围。国家提出双创，即创新、创业，旨在调动全民参与的积极性，营造全民创新的社会氛围。深圳紧跟国家政策，发挥"文化＋科技"的优势，积极举办各类双创活动，比如 2020 全国双创周深圳活动暨第六届深圳国际创客周在深圳市龙岗区星河 WORLD 举办，设置了主会场活动 9 个、分会场活动 18 个，邀请了 112 家创新型科技企业、海内外创客团队参展。[①] 近年来，深圳在包容的双创政策中培育出大疆创新、柔宇科技等独角兽企业，同时大力筑巢引凤，吸引世界各地人才纷至沓来，双创环境越来越多样。而之于深圳，还值得一提的是，双创的蓬勃发展离不开"鼓励创新，宽容失败"的氛围。

可以说，深圳经济特区的发展史就是一部"鼓励创新，宽容失败"文化精神的成长史，经过岁月的沉淀，它从一种观念升华到一种氛围。"鼓励创新，宽容失败"是深圳对于自身的精准战略定位，这让它更"敢闯敢试"，更勇于"摸着石头过河"，背后也蕴藏着深圳独特的文化基因和企业家精神。诚然，这也离不开深圳特殊的文化背景，作为我国唯一没有方言的城市，深圳的移民文化塑造了这座城市宽容的性格，而"来了，就是深圳人"的海纳百川的城市气度激励了无数人才怀揣梦想

---

① 《2020 全国双创周深圳活动暨第六届深圳国际创客周启动》，《深圳特区报》2020 年 10 月 15 日。

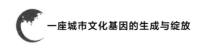

奔向这里，由此深圳成为孕育创新的温床。

当科学登上历史的舞台，人的创造力成为推动经济繁荣和国家强盛的核心要素，深圳追求创新以及创新的精神，如同城市生命延续的基石，推动整座城市成长、强壮。从昔日的"文化沙漠"到今天的"创意之都"，处于改革开放最前沿的深圳，以四十余年跨越式发展的创新性实践，不断壮大和培育文化基因，正一步一个脚印地积淀出独属于她的城市文化内涵和精神气质。

智慧是基础，包容是前提，力量是本质，创新是目的。智慧型、包容型、力量型、创新型文化，力图在路径和内涵上寻找一种有强大生命力和远大前途的新文化，是深圳希冀最终达到的城市文化高度，也希望深圳的实践，能够助力中华文化的伟大复兴。当一个国家和民族的文化不是保守的而是创新的，不是愚昧的而是智慧的，不是排外的而是包容的，不是自我消弭的而是充满力量的，那它将拥有一个璀璨辉煌的前程。

六　小结

深圳经济特区本身就是一个伟大的创新，为创新型文化的形成提供了诸多有利条件，其移民文化经过深圳文化熔炉四十余年的熔铸、沉淀，大大降低了整体移民风险，形成了"文化＋科技""文化＋金融""科技＋金融"等新业态，推动着深圳成为具有国际竞争力的新兴产业集聚地。

深圳移民文化的创新精神特质源于历史和责任，深圳的发展肩负着探索中国社会经济和政治、文化发展方向的重任，主动冒险、承担风险则是创新资源汇聚产生的溢出效应，也成就了深圳鼓励创新的宏观环境，使文化驱动创新成为引领深圳长期快速发展最根本的核心价值，从"十大观念"引领到创新的自觉、自信、自强，从企业家、精英创新到普通人的普遍创新，从创新、创业的空间、环境扶持到"鼓励创新，宽容失败"氛围的营造，极大地调动了全民参与创新的积极性，加上"筑巢引凤"力度的逐步加大，世界各地的各类人才纷至沓来，使创新、创业环境日益多样化。

创新是恒远的，弃创新而守旧守成者终不能守、不能成，终会被时代之滚滚车轮碾压成齑粉。创新型文化是对所有创新的宏观概括，包罗万象，博大精深，虽形成各异，但殊途同归，是文化基因进化、万事万物发展的必由之路，弃之则滞、则止乃至死亡。

第九章

文化立市

"文化立市"是深圳文化发展中的重要理念，也是深圳文化进步的重要节点，智慧、包容、力量、创新集中体现于其中。"文化立市"战略的提出，有国家发展的文化背景，也是深圳文化追求的必然结果，意味着在深圳这座以经济特区为标签的城市里，政府和社会日益深刻的文化自觉以及年轻的深圳面向未来的文化抱负。

深圳之所以如此重视文化发展，一是源于自身文化根基薄弱，只有致力于城市文化的更大发展，城市的现代功能才能日趋完善；二是作为中国最具理想主义精神的城市，深圳的文化发展无疑是城市隐而不宣的内在精神动力，是深圳勇于进取的精神路向和自强不息的血气表现。作为其中的内核，自强不息的理想精神由特区建设之初开拓、创新、进取的"拓荒牛"精神衍生而来，伴随深圳的发展壮大孕育出更加丰富的历史内涵，并扩展到政治、经济、社会、文化诸多领域，焕发出"四两拨千斤"的巨大活力。

深圳的高度文化自觉始终贯穿于城市的文化战略创新中，正是在一个个新观念或理念引领下，其文化发展才得以闯过"文化沙漠"并最终驶上了快车道。如今的深圳，不仅创造了许多文化奇迹，还在继续探索新的城市文化模式。

一　深圳发展的两个困扰与创新探索

进入 21 世纪，城市的发展已经逐步迈入以文化为主题的竞争阶段，以文化比后劲，以文化论输赢，已经成为世界城市发展的趋势，文化成为城市可持续发展的关键。

美国《时代周刊》曾经提出一个"纽敦港"的概念。纽约、伦敦和香港之所以能在激烈的城市竞争中脱颖而出，成为全球化时代城市发展的典范，共同演绎出辉煌的当代"三城记"，不仅是因为这三个城市紧紧把握住了经济全球化的先机，还因为这三座城市在战略上高度重视文化的作用，具有强大的文化流动性。

大伦敦市两任市长先后两次发布市长文化战略，提出要维护和增强伦敦作为"世界卓越的创意和文化中心"的声誉，成为世界级文化城市。伦敦视文化为城市的"心搏"，社会、经济和城市的肌体都因文化而律动。无与伦比的文化丰富性和广阔性、多样的文化和创意资源，成就了激动人心、活力无限、令人难以忘却的伦敦。

纽约是世界文化俱乐部，政府对文化艺术非常重视，每年都有惊人的预算，繁荣的文化吸引着大量全球最具有竞争力的人群定居纽约，并带来了纽约的奇幻、沸腾和被点燃的热情。

香港在文化地位上虽然难以和纽约、伦敦相比，但年轻有活力，拥有文化开放、多元的城市品格。香港已经意识到，面对全球一体化的挑战，单凭金融商业不足以强化香港的竞争力，未来的竞争是综合实力的较量，文化是不可或缺的基础，并认为对文化的投资所带来的多元发展、鼓励创意、社区建设、社会和谐是知识型经济的核心价值，非金钱回报所能衡量。

其他一些新兴国际化城市也普遍重视文化在城市竞争中的作用，例如新加坡、首尔等城市纷纷制定了新世纪文化发展战略。

然而，彼时的深圳却正饱受两个困扰。一是"深圳被谁抛弃"的争论，有人认为深圳所有的优势都即将丧失，政策红利也将用尽，国家已不太重视，深圳已经被抛弃了。二是深圳面临土地、资源、人口、环境等四个"难以为继"的问题。面对四大危机，未来如何发展，深圳在寻求对策。

作为经济特区，深圳长期以来一直都是以"经济形象"出现在世人眼中。事实上，经济特区成立以来，文化就成为深圳发展的题中之义。特区成立以来，历届深圳市委、市政府高度重视文化建设，先后于20世纪80年代、90年代斥资兴建新老"八大文化设施"，并在90年代提出打造"现代文化名城"。2000年后又陆续建成图书馆新馆、深圳音乐厅、中心书城等大型文化设施。除了大手笔投建文化地标，还打造了一系列深受市民喜爱的文化活动品牌，文化建设取得了不凡成就，促进了经济增长，也为后来文化跨越式前进，形成勇猛、刚健、创新的文化发展模式奠定了坚实基础。

深圳之所以如此重视文化发展主要基于以下原因：一方面源于自身文化根基的薄弱，只有致力于城市文化的更大发展，城市的现代功能才会日趋完善；另一方面，作为中国最具理想主义精神的城市，深圳的文化发展无疑是城市隐而不宣的内在精神动力，是深圳勇于进取的精神路向和自强不息的血气表现。作为其中的内核，这种自强不息的理想精神，由特区建设之初开拓、创新、进取的"拓荒牛"精神而衍生，并伴随深圳的发展壮大生发出更加丰富的历史内涵，并扩展到经济、政治、社会和文化等各个领域。

当时中国改革开放不到三十年，中国的城市已经进行了拼经济、拼管理的两轮竞争。第一轮是拼经济，一个城市发展得好不好，主要看 GDP 增长速度，深圳在这一轮竞争中完成了从无到有的迅猛增长。第二轮是拼管理，城市在快速发展的同时怎样提高档次和品质，开始摆上议事日程。管理好不好成为继经济因素后的一个重要评价标准。但城市最终拼的是文化，这是新一轮城市竞争的主战场。正如竞争战略之父、哈佛大学教授迈克尔·波特所言，基于文化的优势是最根本的、最难以替代和模仿的、最持久的和最核心的竞争优势。

正是在这样的背景下，2003 年，深圳提出"文化立市"发展战略。此后，深圳不仅创造了举世瞩目的经济奇迹，还实现了文化的崛起。

习近平总书记指出："文化自信是更基础、更广泛、更深厚的自信，是更基本、更深沉、更持久的力量。"[1] 这六个"更"归结为一句话，就是告诉我们——文化的作用无以复加。文化是治国方略和国家昌盛的最基本因素。因此，确立文化自信是深圳文化发展的逻辑起点，决定着城市文化建设的眼光和格局。

事实上，文化立市战略的提出在当时备受争议。有人认为深圳是经济特区，提"文化立市"南辕北辙。但深圳市委、市政府充分认识到，城市竞争的最终决战在文化。世界上一流的城市一定有两个辐射能力——经济辐射力和文化辐射力，而文化辐射力更长远、更持久。必须在文化上寻找深圳更广阔、更

---

① 习近平：《习近平谈治国理政》第二卷，外文出版社，2017，第 349 页。

可持续的发展动力。传统的动力在消失,新的动力又在哪里?那就是要创建新的文化,通过新的价值观念和一系列的精神追求去解决问题。也就是把文化和创新关联在一起,文化的不同决定了创新的不同,文化的优势才是最根本的优势。因而,文化立市战略决定文件里有三句话,表明深圳市委的决心:"以文化论输赢,以文明比高低,以精神定成败。"这个决定说明深圳当时已自觉站在文化的高度上去瞻视自己的未来。正是这种文化自觉,让经济特区种出了文化大树。

在"文化立市"战略提出前后的文化实践中,深圳致力于城市文化发展理念和发展战略的创新,实现市民基本的文化权利、建构完善的公共文化服务体系,成为政府公共文化行政的核心理念。如"高品位文化城市"的提出,暗含与传达了这座年轻的移民城市高远的文化梦想;而图书馆之城、钢琴之城和设计之都"两城一都"等策略的确定与实施,塑造了城市鲜明的文化个性;将文化产业定位为第四大支柱产业和战略性新兴产业,则掷下了"以文化论输赢"的先手棋。

深圳文化建设从刚成立特区时的一穷二白到"八大文化设施"的落成,从文化设施和文化服务的极度匮乏到如今遍布全城的文化设施网络的日趋完善,以及各种极具创意的文化活动的广泛开展,正是四十多年来深圳文化人以极大的文化创新热情和极强的文化使命感开拓出来的新局面,也反映了深圳不懈的文化追求。

深圳带给中国的首先是观念的变革,其次才是经济的变革、社会的变革。观念是一种软实力,是撬起中华复兴的支点。四十余年的城市史,就是一部文化软实力崛起的历史。深圳不但为国家的发展创造了经济奇迹、文化奇迹,更是为改革开放贡献了时代精神。

二　以文化论输赢，以文明比高低，以精神定成败

　　文化立市战略的提出和实施无疑是深圳文化自觉的重要标志。如何拟定城市文化发展战略，不仅决定着城市文化的未来，也将决定着整个城市的命运。

　　那么，如何选择文化战略呢？诚然，每个城市因为其经济、社会状况不同，因为文化的传统与资源各异，必然影响到文化战略的选择。有的城市可能以传统文化的丰厚为其特色，有的城市可能以现代文化的生产为其个性，有的城市文化发展更多地依托政治资源，而有的城市文化发展更多地依托经济资源。但世界上著名的城市，都是以独特的城市个性、品位和文化内涵体现其卓尔不群的风格与魅力的。

　　深圳是一座有着高度文化自觉的城市，这种自觉贯穿于城市的文化战略创新中。文化创新意识是深圳文化自觉的主要特征和根本内涵，正是在一个个新观念、新理念的引领下，深圳的文化发展行驶上了快车道。

　　早在 2003 年，深圳在全国率先提出"文化立市"战略，坚定迈开从"文化立市"走向"文化强市"的战略步伐；深圳率先提出 21 世纪"拼文化"的理念，赋予深圳建设国际化城市新的人文内涵，"以文化论输赢，以文明比高低，以精神定成败"渐成人们的共识；深圳率先提出"实现市民文化权利"的理念，将市民文化权利的实现程度作为实现民生文化福利的出发点和落脚点；深圳率先提出"维护国家文化主权"的理念，推进深

圳在中华文化走向世界中有新的更大作为；深圳率先提出打造智慧型、包容型、力量型、创新型主流城市文化的理念，打造与建设国际化城市相匹配的城市文化新样态……既有高屋建瓴的战略，又有切实可行的目标，还有独具特色的文化期许，形成一套崭新的文化理念体系。思想的解放与行动的务实交相辉映，推动着文化改革发展实践。

如今的深圳，不仅创造了文化奇迹，还正在努力探索一种高尚的文明样式。这样孜孜不倦的探索，带来了一系列巨大的变化——这座曾被认为人情冷漠的城市，正在成为一个慈善城市，在"首届中国城市公益慈善指数"评比中，深圳慈善综合指数得分位居第一名，人均捐赠额排名全国第一，成为"全国当之无愧的最慷慨城市"；这座曾被戏称为"文化沙漠"的城市，正在打造"因热爱读书而受人尊重"的城市，人均购书量连续22年位居全国第一，商潮涌动的城市中书香弥漫，城市以阅读为荣，市民以阅读为乐，七成市民有经常阅读的习惯；这座被定位为"陌生人社会"的城市，连续六届荣获"全国文明城市"称号。四十余年来，深圳让许多人心向往之，向往的绝不仅是经济的发达、环境的美好，还有这里的创新气质、先锋观念、包容精神、关爱氛围。

这座城市"求真"——弘扬知识理性，书香满城求学成风。深圳，选择向阅读致敬。一座42岁的城市，却有一个举办了22年的读书节庆。从2000年秋天开始，深圳读书月总在每年的11月如期而至。阅读本是私人的事，深圳之所以全力推动，是希望在这座城市发展的关键期，为其注入沁人心脾的诗书之气，以大气压制浮躁，用优雅驱除粗俗。20多年来，深圳人带着理想、感情、追求和担当，脚踏实地推进全民阅读。正是读书月缔造了热爱阅读的城市新传统。从"建设公民道德，实现文化权利"到"阅读·进步·和谐"，从"我阅读·我快乐"到"阅读提升正能量"，从"读书让生活更加多彩，阅读让城市更有温度"到"打开一个新视界"……一个个深刻理念，为读书月注入了灵魂。其中，"让城市因热爱读书而受人尊重"和"实现市民文化权利"更是入选"深圳十大观念"，充分说明了阅读在深圳人心目中的地位，也展示了他们对自己城市的期待。正因为有这等眼光和胸襟的市民，才有今天深圳文化的辉煌。

这座城市"向善"——以社会主义核心价值体系为根本，引领多元移民文化，培育文明新风。爱是一种生生不息的力量，让文化有了温度。2003 年，深圳关爱行动率先在全国启动。关爱行动坚持"党委政府主导、媒体承办推动、企业捐助、社会组织运营执行、公众广泛参与"的公益模式，凝聚起社会各界爱的力量。截至 2020 年，深圳关爱行动共组织开展了 3 万余项爱心活动，推出 2000 多项优秀公益项目，吸引了千万人次参加，培育和宣传了一大批爱心典型，涵养了深圳"关爱之城"的城市特质。如今，深圳有 186 万名志愿者活跃在城市各个角落，超过 440 万人次参与无偿献血，数千家公益团队、数以万计的公益平台密集涌现，参与公益慈善和志愿服务已成为深圳人的生活习惯和现代时尚。这座青春的都市，筑造的不仅是高楼大厦，还在创造着一种高尚的城市文明样式，以"爱"为名立起城市品格高度。[1]

---

① 《"2020 感动深圳——深圳经济特区建立 40 周年关爱盛典"举行》，深圳关爱网，2020 年 8 月 28 日。

这座城市"崇美"——深圳，是改革开放总设计师邓小平的一项杰出"设计"，本身就是一座充满创意、创新、创造的城市，特区四十余年之路，就是一部波澜壮阔的创意史诗。深圳，因设计而生，以创意为魂，成为中国第一个"设计之都"，加入联合国教科文组织创意城市网络，文化的流动有了一个绝佳的国际平台。

在深圳，人们共赏创意之美。扛起深圳"设计之都"大旗的中坚力量，正是一群青年设计师。经济的流动，推动了文化的流动，崛起于工业化、市场化繁荣的深圳设计业取得了长足的发展。而今，中国设计业领军人物和最具影响力的设计师云集鹏城。以深圳工业设计为例，2018 年，深圳在工业设计领域创下了为人称道的成就，深圳工业设计企业产值为 100 亿元，同比增长 20.5%，带动下游产业经济价值超过千亿元。目前，深圳市拥有各类工业设计机构 6000 余家，工业设计师及相关从业人员超过 10 万人，共建成国家级、省级和市级工业设计中心 5 家、15 家和 87 家。①

今天的深圳已成为中国的设计重镇。深圳的设计师群体，成为深圳创意文化发展的生命线，他们在中国创意设计的发展波峰浪谷弄潮，摘下的国际大奖仿若繁星点点，让世界在观察深圳时有了一个新角度——创意。

求真、向善、崇美，深圳以文化人，润物无声。千万深圳人的文化自觉，筑就了一座城市的文化高度。深圳的发展实践将证明——我们所留给后世的，不应只是物质上的丰饶，还要

---

① 《王伟中：推动深圳设计高质量发展 加快建设具有全球影响力的创新创业创意之都》，澎湃新闻，2019 年 11 月 6 日。

有丰富的精神创造。我们筑造的不仅是高楼大厦，还在创造一种高尚的城市文明样式。

三 文化立市与"两城一都"

文化立市，意味着在推动中国经济发展时，把文化作为城市发展的根本条件和根本目标，这是需要眼光的。而文化立市把文化作为城市发展之魂和城市的血脉去营造，这对文化产业起到了决定性的作用，是一项重要的决策。深圳市委关于"文化立市"的决定到今天为止还在影响着深圳的发展，也预示着这个城市还有更加美好的未来，特别是在文化方面。

提出"文化立市"这个决策，很重要的一点是把握了城市竞争的规律。当今的城市竞争，特别是在中国改革开放的城市发展历程中，就是在三步走。第一步拼经济，最明显的就是以GDP论英雄，看经济总量。第二步是拼管理，这种管理是全方位的，不仅仅是一般的城市管理、交通管理等社会管理，还包括企业的进一步科学管理，包括2.0、2.5、3.0的工业发展。第三步拼的是文化。坦率地说，到今天为止，并不是所有人都认识到了这一点。但放眼深圳发展的历史，包括今天的世界格局，世界上一流城市、尖端城市正是靠文化获得了广泛的赞誉和影响力，经济基础和管理水平固然重要，但文化影响力无与伦比，成为一个城市人类文明的重要标志。比如北京、上海、巴黎、伦敦、纽约，这些标志性的城市，最终决定影响力的是文化。今天国家的文化行为或者文化主权的声张，主要是以中心城市作为支撑点，比如说美国纽约举办的活动，不仅仅是代表这个城市的意识，更代表着国家的意识、国家的战略形态。

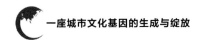

"文化立市"战略具体措施中提出建设"两城一都",即"图书馆之城"、"钢琴之城"和"设计之都",旨在营造书声琅琅、琴声悠扬、创意无限的城市文化氛围。

为什么要建"图书馆之城"?"文化深圳,从阅读开始。"在可持续发展之中,最重要的是人的可持续,而人的可持续最关键的是靠读书,读书不是一蹴而就的事,而是要作为这个城市最强大的基因一以贯之。"几百年人家无非积善,第一等好事只是读书。"所以深圳从那时开始,倡导全民阅读,不断地推动读书浪潮。"八月十八潮,壮观天下无。"每年的深圳读书月就像钱塘江潮似的,让整个城市书香弥漫。读书是长久之计,深圳由此开始大量建设图书馆、书城、书吧等,为市民提供阅读阵地。目前全市有近千家图书馆,其密度之高居全国前列。

打造"钢琴之城",则充分彰显了深圳对文化特色、文化人才和国际重大赛事的高度重视。深圳钢琴事业原本没什么基础,但因为引进了像但昭义这样的优秀教师和钢琴教育家,局面便迥然不同。作为我国著名钢琴教育家,但昭义培养了一批世界级钢琴人才,从而带动了一座城市对钢琴事业的热爱。据2012年统计数据,深圳钢琴拥有量为每百户家庭8.5台,高于北京3.2台、上海3.6台、厦门鼓浪屿4台。而但昭义的学生团队中有26人在国际钢琴赛事中获得68项奖项,其中24次获得第一名。在全球最重大的四项一流国际钢琴比赛中,但昭义的学生问鼎三项大奖。在此基础上,深圳经国家批准创立了国内第三个最高级别的国际钢琴赛事——中国深圳国际钢琴协奏曲比赛,它使深圳文化有了更为鲜明的特色。

之所以要建设"设计之都",是因为"文化深圳,以创意为代表"。创意是什么?最核心的是创意设计。从"文化立市"战略开始，深圳便着力打造以设计为核心的创意产业，目前深圳文化创意设计企业超过 5 万家，从业人员近百万人，工业设计份额占全国超过 60%，平面设计份额占全国 40%，还有服装设计、软件设计、建筑设计、园林景观设计等，也在全国独树一帜。深圳文化产业发展迅猛，其中以设计最具代表性。深圳是中国第一个被联合国教科文组织命名的"设计之都"，正是"设计之都"的建设，使深圳活力四射、创意无限，成为亚洲设计重镇和中国现代设计的一面旗帜。

四　小结

每个城市经济社会状况不同、文化的传统与资源迥异，必然影响到自身文化战略的选择。

"文化立市"准确把握城市的竞争规律，这种将文化作为城市发展的根本条件和根本目标的眼光明显是极具智慧的，它既是对传统与现代的有机结合，也是对承旧与创新的辩证肯定，更是为城市发展拓展出广阔的柔性空间提供了无限遐想思路，成就了"图书馆之城""钢琴之城""科技之城""创客之城""创新之都""设计之都""全球全民阅读典范城市"，实现了从"经济深圳"到"科技深圳"再到"文化深圳"的重大转变，完成了从"文化立市"到"文化强市"的历史性跨越。

长期以经济强市形象出现在世人眼中的深圳，其实自建立特区以来，文化就已成为其发展的题中之义，除了大手笔投资建设文化地标外，还打造了一系列深受市民喜爱的文化活动品牌，所以能在促进经济增长的同时，为形成智慧、包容、力量、创新的文化发展模式奠定了坚实的基础。

第十章

全民阅读

如果说学习是城市可持续发展与创新的基础和根本，那么阅读正是建设学习型城市的基础之基础、根本之根本。四十余年来，深圳将全民阅读作为学习型城市建设最关键、最重要的环节来推广、落实。阅读推动城市发展，是城市乃至国家创新力、竞争力的重要来源。

文化从阅读开始，阅读不仅仅是提高人的素质和境界，而是创造一种更高雅的生活；阅读不仅仅是以正气压制浮躁和邪气、用优雅埋葬粗俗，更是为可持续创新、发展提供不竭的源动力。

阅读可激活创新思维，对阅读的渴求、对知识的向往可激发巨大的参与热情，而积累的丰富知识又能适时转化为强大的创造力。无数大胆的改革设想和创新创意无不来源于勤读好学，正是这些或大或小的设想与创新创意催生出深圳的一个又一个奇迹。

可持续发展说到底是人的可持续，而阅读是最好的实现可持续的途径。创新与发展的背后都是默默无闻的阅读在发挥着根本性作用。阅读决定着一个人、一座城市、一个国家和民族的创新能力，只有坚持阅读，人类的文化才得以传承和持续发展。"忠厚传家久，诗书继世长。"

深圳通过全民阅读使全民文化水平、创新能力得到全面提升，其阅读与学习成效直接作用于城市建设，充分体现在其四十余年的飞速发展上。

　　全民阅读成为深圳重要的战略选择，深圳不仅高度重视全民阅读，还将其作为兑现市民文化权利的重要途径。深圳始终将知识作为城市的强大发展动力加以培育，将阅读作为市民的生活方式加以推广。

一　阅读与创新

　　读书和创新之间紧密关联。世界上凡是热爱阅读的民族和国家，也是走在创新前列的国家，甚至可以说阅读指数和创新指数高度正相关。比如以色列，是全世界公认的最富创新力的国家，也是最善于学习的国家之一，人均每年读书多达 64 本。以色列 880 万人口，却拥有 3.8 万名科学家。截至目前，以色列拥有 4000 多家科技创业公司，在纳斯达克上市的公司数量仅次于美国。

　　2020 年全球创新指数排名前十的国家中，欧洲国家占七个，瑞士连续八年名列第一，其中在高收入经济体中，瑞典、丹麦、芬兰等北欧国家占了三席。① 国家创新能力与国民的阅读能力呈明显的正相关关系。欧洲国家年人均读书量约为 16 本，北欧国家达到 24 本。由此可见，国民阅读率是决定国家创新力的重要因素。

　　一个城市的文化从阅读开始，不仅仅是提高人的素质和境界，创造一种更高雅的生活方式，不仅仅是用大气压制浮躁，用优雅驱逐粗俗，更重要的是为城市的可持续和创新发展提供不竭的动力。由此可见，一座城市要集聚创新资源，要保持可持续发展，要不断地迸发出思想活力，就应当去看这座城市有多少人坐在图书馆里，多少人买书和研究问题。阅读激活城市的创新思维，一座城市拥有对阅读的巨大渴求、对知识的巨大

────────────

　　① 〔美〕苏米特拉·杜塔等：《2020 年全球创新指数：谁为创新出资？》，世界知识产权组织，2020。

热情，其积累的丰富知识一定能转换成强大的创造力。

行文至此，不禁想起 1996 年全国书市在当时新开业的深圳书城举办的壮观场面，想起每天早上在深圳图书馆门口自觉排队进场读书的市民，想起在深圳书城抱着熟睡的女儿醉心于阅读的年轻父亲……这些事例，包括截至 2021 年已连续成功举办了 22 届的深圳读书月，都充分说明深圳从特区伊始就是一个学习型城市。

回溯深圳经济特区四十余年发展历程，我们会发现，这座城市无数大胆的改革设想和创新创意都来源于持续阅读与勤学善学，从而支撑这座城市创造了巨大的经济奇迹和文化奇迹。

深圳是一个从观念生长起来的城市。在这片土地上，是先生长了观念，才生长了高楼大厦。所以，深圳今天的创新之所以能走在全国的前列，是因为文化观念在起作用。从欧洲的历史来看，首先有了文艺复兴，有了宗教改革，有了启蒙运动，才有了科技革命，才有了现代产业的发展。文化所形成的观念是我们创新的重要推动力，而文化形成的企业家群体和创新创意群体，是文化使他们能在创新之中如鱼得水。深圳人非常明白学习的迫切性，所以很多人总是谦逊地、如饥似渴地学习着。正是勤于学习、善于学习，使这座城市能够真正自强于天下。

我们谈可持续发展，常常提到环境保护、产业升级、资源利用等，其实真正的可持续是人的可持续，而阅读是最好的可持续发展途径。在创新和发展的背后，是默默无闻的阅读在发挥着根本性作用。创新创意有赖于大量的阅读。阅读力决定一个人、一座城市乃至一个国家和民族的创新力。只有坚持阅读，人类精神文明才得以传承和发展。

中华民族文明何以历久不衰并且日益壮大？这与中华民族

对学习的推崇有关。没有一个民族像中华民族这么持久地重视读书。"忠厚传家久，诗书继世长"，中国人一直把阅读当作和生命一样重要的东西。几千年来，中华民族传承下来的书籍典藏汗牛充栋，勤学善学精神更是一脉相承。

从孔子的"学而不思则罔，思而不学则殆"到杜甫的"读书破万卷，下笔如有神"，从"凿壁借光"到"囊萤映雪"，对书本的热情、对阅读的推崇以及读书之刻苦，从中可见一斑。[①]

一个民族要不断进步，需要学习；一个民族要提升自身素质，需要学习；一个民族要被其他民族尊重，同样需要学习。阅读，是所有学习的基础。强国自国民始，高文化素质的国民自教育始，教育自读书始，热爱读书的民族必将自强于天下。[②]

在过去四十多年间，深圳动员全民的热情和力量，将学习成果转化为文化、科技、物质资本，获得了城市建设的卓越成就。从经济成就看，直至 2019 年，深圳生产总值超过 2.69 万亿元，是 1979 年 1.96 亿元的 13000 倍。2020 年，面对复杂多变的外部环境和新冠疫情的冲击，深圳 GDP 2.77 万亿元，同比增长 3%，充分体现深圳经济的韧性、市场的活力和发展的高质量。

从发明创新看，2020 年，深圳市国内专利授权量 22.24 万件，居全国首位，同比增长 33.49%；PCT 国际专利申请量 2.02万件，连续 17 年居全国首位；平均每万人发明专利拥有量达119.1 件，为全国平均水平的 8 倍。深圳特区建设的成就，不仅标志着中国改革开放的伟大胜利，还说明了学习与创新是城市

---

① 王京生：《文化中国，从阅读开始》，《中国文化报》2020 年 4 月 23 日。
② 王京生：《文化中国，从阅读开始》，《中国文化报》2020 年 4 月 23 日。

保持、提升竞争力的根本。深圳城市发展的实质，在一定程度上说，正是以改革开放为目的、以学习型城市建设为方向，并在持之以恒的探索、实践中成就从"经济深圳"到"科技深圳"，再到"文化深圳"的转型与跨越。

如果说学习是城市可持续发展与创新的基础和根本，那么阅读正是建设学习型城市的基础之基础、根本之根本。几十年来，深圳将全民阅读作为学习型城市建设最关键、最重要的环节来推广、落实。研究显示，2020 年，深圳居民的阅读率、阅读量、阅读时长、数字化阅读等指标数据均高于全国平均水平。深圳居民平均阅读纸质图书 8.86 本，高于全国人均纸质图书阅读量 4.65 本；深圳居民平均阅读电子图书 12.13 本，远高于全国人均电子书阅读量 2.84 本。通过推广全民阅读，深圳市民的文化水平、创新能力得到全面提升，城市阅读与学习的成效直接作用于城市建设，充分体现在深圳特区四十余年的飞速发展之上。

"学习"让深圳通往未来，深圳的学习态度和求知精神，直接回应了近年来知识经济快速发展所提出的新要求，成为驱动深圳发展的重要推力。

没有持续创新，就没有持续发展。深圳的创新发展之路虽饱含豪迈之激情，但又是何等曲折艰难，在某些历史时期甚至充满了悲壮色彩。特别是在深圳发展早期的 20 世纪八九十年代，深圳发展模式引起的巨大质疑和争论，一度将这座城市置于风口浪尖。在 21 世纪初，因央行管理体制改革、深交所主板停发新股、标志性企业外迁传闻等冲击，深圳发展陷入某种"迷茫"，但正是因为面对这些挑战和危机，深圳反而在产业转型升级的创新意识上更为坚决，通过先行一步抢占了先机。

事实上，在我国经济进入新常态的情况下，主要靠投资拉动经济高速增长的一些城市，纷纷出现某种疲态。而经济结构更加合理、创新能力更强的深圳则依然保持强劲的发展动能，无疑给我们带来了相当有益的启示。

二　文化深圳，从阅读开始

"文化深圳，从阅读开始"，这是 2011 年第十二届深圳读书月活动主题，也是深圳的城市观念之一。深圳提出，不仅要把读书看成个人事业成功的手段，更要把阅读提升到一个城市的价值层面来塑造这个城市的精神品格。"让城市因热爱读书而受人尊重"就是这样一种价值观：在这个城市，读书人会获得尊崇。"世上几百年人家无非积德，天下第一件好事还是读书。"深圳就是致力于把这座城市的阅读理想注入市民心中，使得每一个市民在和这座城市共同成长的过程中养成一种崭新的以读书为荣的文明习性。

联合国教科文组织前助理总干事班德林曾参观深圳最大的书城——中心书城，与市民热情交谈，连说了 3 遍"文化决定未来"。他说："当我来到深圳，来到中心书城，我问自己身处何方？我发现我身处未来，所以我的脑海里就有了'文化决定未来'的感慨。在这里，我看到了如此多读者尤其是年轻人专注在一本本书中，为知识而着迷，这表明这座城市有力量、有希望、有未来。"①

阅读是最基本的文化权利之一。阅读不仅是眼前的繁荣，

---

① 王京生：《文化中国，从阅读开始》，《深圳晚报》2020 年 4 月 23 日。

也是传统的承续，更是未来的希冀。从阅读开始，我们塑造一座文化的城市，一个文化的中国，一个必然能拥有未来并决胜未来的中国。

"实现市民文化权利"是深圳十大观念之一。文化权利包括享受文化成果的权利、参与文化活动的权利、开展文化创造的权利以及创造成果被保护的权利。阅读，是最基础、最广泛也是影响最深远的一项权利。

2000年9月21日，深圳市委、市政府正式确定每年11月为"深圳读书月"，属全国首创。同年11月1日，首届深圳读书月启动，自此开始全民阅读推广的长期探索与实践。读书月在深圳经济特区率先诞生，体现了深圳在全民阅读和学习型城市建设上的"先知先觉"。

深圳之所以举办"深圳读书月"、推广全民阅读，目的就是在深圳这样的经济特区城市，标榜一种文化的精神和姿态，在追求财富（"铜臭"）的城市氛围中营造一种"书香"，在以务实著称的广东打造一块高雅的文化"飞毯"，在中国日益世俗化的城市文化中构建一种有品位的精神生活，不仅使尊崇知识、求学问道的旗帜在深圳高举飘扬，使以读书为荣、以读书为乐成为深圳市民的价值观念和生活方式，使深圳因崇尚阅读而成为受人尊敬的城市，还深切地改变了深圳的人文面貌，有效地扭转了世人对深圳的文化想象，成为深圳展现文化新气象、营造书香社会的一个标志性符号。事实上，深圳先后被评为全国文明城市、全国全民阅读先进单位，被世界资本学会和新巴黎俱乐部评为"杰出的发展中的知识城市"，可谓正是对深圳追求智慧型文化、构建学习型知识型城市的精神嘉奖。

从首届读书月开始，深圳就把阅读作为实现市民文化权利的基础加以推动。深圳经济特区成立30周年时评选了"深圳十大观念",其中,"让城市因热爱读书而受人尊重""实现市民文化权利"两项与阅读相关的观念高票入选。评选结果是由深圳市民投票产生的,表明了市民对于倡导全民阅读的普遍认同。

经过多年读书月的推动,深圳今天有了浓郁的求学问道的风气。现在,深圳有读书论坛、市民文化大讲堂,每年都请全国一流学者来此传道、授业、解惑。尽管深圳今天发展得很好,但是,聚全国才智乃至世界之才智让这个城市的市民享受到一流的学术讲座和大家智慧,这才是政府为市民做的知识方面最大的一件好事。深圳,就应该是百舸争流、百家争鸣,各种大家、各路人马传道、授业、解惑的地方,是每个人都能获得知识的地方。这种气派永远不应丧失,深圳应永远有这种开放的气派。

如今,深圳已经有了读书论坛、市民文化大讲堂、"深圳晚八点"、"南书房夜话"等讲座和求知的场所。深圳可以做得更好,在不久的将来,也许这片热土上也能出现稷下学派的盛宴、出现雅典广场的辉煌,让大家可以在一起辩论、演讲,以学识卓见互相砥砺。

深圳市委、市政府高度重视全民阅读工作,把阅读作为实现市民文化权利的重要途径,全民阅读成为城市重要的战略选择。

2010年,深圳市委、市政府发布了《关于深入开展全民阅读活动、加快学习型城市建设的若干意见》,随后深圳读书月组委会根据《意见》制定了《深圳读书月发展规划(2011-2020)》,为推动全民阅读尤其是深圳读书月的全面、深入、可持续发展提供了指导和保障,在全国首次把全民阅读提升到市委、市政府决策规划范畴并产生了广泛影响。

为了让市民有更好的阅读环境，深圳致力打造"图书馆之城"，今已建成图书馆"千馆之城"。截至 2020 年底，深圳各类公共图书馆（室）、自助图书馆合计 1012 个，共同构成覆盖全市所有街区的公共图书馆网络体系，实现每 1.5 万人拥有一个图书馆服务点。深圳被誉为"书店之都"，政府大力推进"一区一书城，一街道一书吧"战略布局，迄今建成 6 座面积超过 3 万平方米的书城文化综合体和 700 余家各类实体书店，每年依托书城、书吧开展超过 1 万场公益文化活动。深圳书城作为全国最早的大书城品牌，不断探索迭代升级，从书城大卖场、书城 mall，到体验式书城、文化创意书城，直至智能化书城、美学书城，深圳书城已来到 6.0 时代，打造出引领全国书业、先行示范的"书城模式"。

2021 元旦跨年夜，中央电视台举行的跨年直播活动地址之一选择了深圳 24 小时书吧。一座以经济飞速发展闻名于世的城市，在跨年之夜向世人展现了静谧的一幕，这是"静"的力量，也是一种"高贵的单纯，静穆的伟大"。24 小时书吧有一条 35 米长的"最长书桌"，人们在夜晚和灯光中与书相伴度过一年最重要的时光，著名评论员白岩松在直播室里说道："深圳近乎是全国阅读推广最好的城市，可以不加之一。"深圳始终把知识作为城市强大的发展动力加以培育，把阅读作为市民的生活方式加以推广，推动这座城市快速成长。

2016 年，深圳出台《深圳经济特区全民阅读促进条例》（后简称《条例》），专门立法保障公民阅读权利。这是国内阅读推广领域第一部条例形式的城市法规，从战略高度明确了全民阅读对城市未来发展的意义。该条例将深圳阅读活动"深圳读书月"法定化，并将 4 月 23 日世界读书日确定为深圳未成年人读书日。深圳为阅读立法，明确和规范了政府在全民阅读推广中的作用和行为，为市民阅读权利的实现提供条件和保障。阅读权是市民最基本的文化权利，为阅读立法的目的不在约束读者，而在约束政府，读者永远是自由的。每位市民拥有的阅读权利是多方面的，包括利用图书资源和阅读空间的权利、参与组织阅读活动的权利、开展创作和创造的权利、创作和创造的成果受到保护和推广的权利等。只要市民想要阅读，政府就必须提供条件、给予保障。

全民阅读不仅是政府和某些单位的事，还要让整个社会都参与进来，形成一个良好的阅读环境。未来，在《条例》的实施中，一方面，政府部门要带头遵守法律，更加自觉地利用法律，把阅读纳入各级政府的规划，以推动和促进深圳的全民阅读作为重要目标。另一方面，市民也要更好地行使阅读权利，充分运用各种立法的条款，比如阅读基金、未成年人阅读的保障措施等，参与推动《条例》实施。此外，人大代表和政协委员需要更好地发挥监督职能，对阅读条例的实施情况进行定期检查，更好地督促《条例》实施，推动政府部门和各界更好地形成合力，进一步提升深圳全民阅读水平。

三　全球全民阅读典范城市

作为全国较早开展全民阅读的城市，深圳自 2000 年起创设读书月，持之以恒打造中国全民阅读的"深圳样本"，走上了一条书香馥郁、续航持久的先行之路。

2013 年，联合国教科文组织授予深圳"全球全民阅读典范城市"称号，以肯定和嘉许深圳十几年来坚持不懈推动全民阅读所做的努力。时任联合国教科文组织总干事伊琳娜·博科娃女士在北京出席联合国教科文组织创意城市北京峰会和首届国际学习型城市大会时，亲手把"全球全民阅读典范城市"证书颁发给时任深圳市市长。博科娃女士说："深圳是全球唯一获得这个荣誉的城市，从中可以看到中国人对于全民阅读的重视和热爱。这个荣誉代表了中国人民热爱读书的形象。"[1]

这是一份殊荣，是对一个只有 40 多年历史，却用 20 多年的时间坚持开展读书月、提倡阅读活动的城市的一种肯定。博科娃女士曾经动情地说过："我走过很多地方，去过很多城市，没有一个城市一个地方像深圳那样，那么多家庭，那么多孩子，聚集在书城尽享读书之乐，这快乐温馨的场面，我永远都会记得。"[2]

全球全民阅读典范城市，为什么是深圳？这是一个需要认真思考并予以解答的课题。

一直以来，深圳都有着旺盛的阅读需求。作为一个发达的现代工商业城市与年轻的移民城市，深圳 95% 以上人口是移民。移民汇聚，像小溪入河；移民涌动，像春潮破冰。一个吸引 1000 多万人前来创业发展的城市，如果没有一种博大的胸怀，没有一种精神的感召，没有一种文化的包容和凝聚，就不可能有如此旺盛的人气，也不可能有这座城市所创造出来的中国甚至世界的奇迹。构成深圳这座城市的主体是移民，他们每个人

---

[1]　王京生、樊希安、尹昌龙：《全球全民阅读典范城市：为什么是深圳》，《深圳特区报》2021 年 8 月 21 日。

[2]　王京生、樊希安、尹昌龙：《全球全民阅读典范城市：为什么是深圳》，《深圳特区报》2021 年 8 月 21 日。

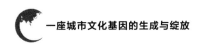

都是文化的载体，汇集在一起就是宏伟的交响诗篇。①

阅读成为移民实现梦想的主要途径。在深圳，我们可以找到无数个因为阅读而改变命运的人。广大市民普遍存在着对知识的巨大需求，自我学习与自我提升成为化解生存与竞争压力的内在需要。有一个数据是最好的证明：深圳年人均购书量已经连续 31 年位居全国第一。五湖四海怀揣梦想的移民在艰辛的工作生活环境中不忘自己的梦想，不忘勤奋读书，通过自身的不断努力，一步步走向通往成功的阶梯。每个人的梦想如何产生和实现，阅读都是很重要的途径。②

四十余年来，深圳这座开放包容、生气蓬勃的年轻城市，吸引了数以千万计与它一样怀揣梦想、蓄势待发的年轻移民，"来了，就是深圳人"观念深入人心。"机会""年轻""包容"是特区城市的显著特征和突出魅力。在深圳，个人的逐梦和城市的发展不谋而合、相辅相成，只有不甘于现状、想要改变生活的人才会选择深圳。作为改革开放"试验田"和科技创新"高产田"，深圳最需要的正是积极进取、大胆创新、勇于探索的"深圳人"。深圳的发展机遇催生旺盛的求知欲望和文化自觉，而汲取知识最基本、最直接的方式便是阅读。

为满足市民旺盛的阅读需求，深圳在 20 世纪 80 年代"勒紧裤带"兴建的八大文化设施中，就有深圳图书馆。1996 年，深圳建成全国第一座以"书城"命名的新华书店——深圳书城。开业当天，第七届全国书市也在书城盛大开幕。这个曾在其他城市被冷落、被视作"亏本买卖"的全国书市，在深圳受到了

---

① 沈轩：《城市人文精神断想》，《深圳特区报》2007 年 4 月 29 日。
② 王京生：《阅读是最好的可持续发展》，《深圳特区报》2016 年 4 月 23 日。

空前的欢迎，书城以东至宝安路、以西至红岭路的深南路两边、人行天桥上，挤满了黑压压的人群。为控制购书者数量，书城开业当天实行了售票制，然而，由于票少人多、供不应求，5 元的入场券被炒到了 80 元。据统计，书城开业当天，前来参观购书的市民多达 10 万人，为期 10 天的书市，销售额高达 2177 万元，一举创造了销售量最多、订货总额最大等 7 项全国纪录，成为历届书市之最。2006 年，深圳建成全国第一家 24 小时书吧，每个白天黑夜，这里永远不乏市民伏案读书和学习的身影。

2021 年，深圳创新打造"全国新书首发中心"，以良好的阅读基础吸引全国最重磅、最优质的新书好书汇聚于此，一经推出便受到社会各界高度关注，短短一个月内相关新闻报道便突破 1 亿人次阅读量，推动首发图书全网热销，被出版机构盛赞为"图书爆品孵化器"。每一场新书首发活动，都像一场全民阅读的狂欢，为深圳浓厚的读书氛围添薪加火，不仅满足了市民读者日益高涨的文化需求，而且掀起了贯穿全年的读书热潮。

如今的深圳，深圳图书馆只要开馆，每天早晨都有市民在排长队准备进馆学习。24 小时书吧的灯自开业之日起，就从未熄灭过，至今已超过 15 万个小时，"哪怕这座城市陷入一片黑暗，这里的灯也会亮着"。一座商潮涌动的城市处处弥漫着书香，深圳对知识的尊重、对文化的崇尚，充分体现在市民的阅读活动和文化自觉中。深圳读书月曾提出年度主题"阅读筑梦，阅读圆梦"。在深圳，无数青年人通过阅读找到了自己的方向和位置，登上了成功的阶梯；无数成功人士在阅读之中实现了人生的价值，圆了自己的梦想。

对个人而言，阅读与学习是需要持之以恒的行为，值得作为高雅的兴趣爱好和生活习惯进行培养。从城市、社会、国家的长远发展来看，全民阅读推广、学习型城市和书香社会建设，需要各级政府和社会各界分工合作、持之以恒、循序渐进地推进与落实。生活在深圳的人，有一个属于自己的"文化狂欢节"。"文化狂欢节"的提法，来自深圳读书月组委会特别顾问、北大教授谢冕——"在我走过的城市中，还没有看到一个城市像深圳这样，好像每天都过着文化的狂欢节。读书月的持续举办，让我们看到了一个城市百折不挠的文化攀升。"截至2021年，深圳已连续22年举办读书月，被媒体誉为"高贵的坚持"。

"高贵的坚持"来源于可爱的深圳市民，他们在这座城市寻找发展的机会、探索属于自己的定位，这种坚持不懈的追问和求索，是城市阅读源源不断的动力。深圳读书月二十二年来累计开展公益阅读文化活动9000余项，吸引逾1.7亿人次市民读者以各种方式参与。可见，"全球全民阅读典范城市"的国际荣誉属于热爱阅读的全体市民。

"高贵的坚持"来源于为全民阅读"死磕到底"的推动者。作为读书月的总承办单位，原来的新华书店——现在的深圳出版集团——跳出单纯的企业运营套路，以超乎寻常的格局和眼界推动读书月发展，把深圳全民阅读推向高潮。深圳报业集团和广电集团是读书月始终一贯的宣传者、推动者，乃至策划组织者、参与者。市文化广电旅游体育局、市教育局、市工青妇等单位以及市委、市政府其他部门也在各自领域尽心尽力。

"高贵的坚持"并非一成不变，而是择善固执、与时俱进。深圳读书月从最初"政府主办、专家引导、全民参与、社会联动"的运作模式出发，调整、演变为如今"政府倡导、专家指导、社会参与、企业运作、媒体支持"的运作机制。这种更为科学高效的运作机制被誉为我国全民阅读活动的"深圳模式"。

读书月运作模式的调整创新，与文化体制改革、政府职能转变、推动大型文化活动社会化运作的形势相适应，充分调动企业、媒体、社会机构、民间组织和广大市民的积极性、能动性。

深圳读书月的连年举办，通过全民阅读推广把政府的提倡与民间的参与紧密联结起来，形成了政府与民间极为生动、极有效率的文化互动关系。广大群众的读书热情得到了最大限度的调动，读书月实实在在地办成了老百姓自己的事情。

时任中国出版协会常务副理事长邬书林评价，"深圳是全国全民阅读活动开展最早、效果最好、影响力最大的代表性城市，书香建设始终走在全国前列"，"政府倡导、专家指导、社会参与、企业运作、媒体支持"，全民阅读的长盛不衰，离不开深圳推广全民阅读的先进模式。阅读推广没有捷径，"深圳模式"的秘诀无他，靠的正是社会各界持之以恒的用心浇灌、携手同行。[①]

全球全民阅读典范城市，为什么是深圳？首先，深圳是因改革开放而生的移民城市，"阅读"是千万移民精神文化生活的"刚需"，是学习创新、逐梦人生的基本途径和必要方式。其二，改革开放的本质是一场伟大的学习、创新运动，作为先行示范城市，深圳将推广全民阅读视为全民学习创新的基础之基础、根本之根本。其三，深圳是全国最先通过市委、市政府的倡导和支持开展全民阅读的城市，在阅读领域的先试先行体现了一座城市的战略选择。其四，深圳率先提出"实现市民文化权利"，最早以条例形式制定全民阅读法规，其全国首创具有积极的典范意义。其五，深圳读书月连续 22 年举办，探索出全民阅

---

① 邬书林：《全民阅读：回望与前瞻》，中国新闻网，2018 年 11 月 30 日。

读活动的"深圳模式"，以一种"死磕到底"的态度践行"高贵的坚持"。阅读影响人，人影响城市。"深圳样本"提供了一个以全民阅读推动城市发展的典型范例，也使深圳无愧于"全球全民阅读典范城市"这一荣誉称号。

四　小结

深圳为阅读立法，规范和明确了政府在全民阅读推广中的行为和作用，为市民阅读权利的兑现提供了条件和保障。阅读权利是市民最基本的文化权利，为阅读立法的目的不在于约束读者，而在于约束政府，读者永远是自由的。每位市民拥有的阅读权利是多方面的，包括使用图书资源和阅读空间的权利、组织参与阅读活动的权利、开展创作和创造的权利、创作和创造的成果受到保护和推广的权利等。

深圳全民阅读的推广，打造出良好的文化环境，焕发出向上的文化精神，在追求财富的城市氛围中营造出"书香"，在以务实著称的广东打造出一块文化高地，在中国日益世俗化的城市文化中构建了一种有品位的精神生活，不仅使尊崇知识、求学问道的旗帜在深圳高高飘扬，使以读书为荣、以读书为乐成为深圳市民的价值观念和生活方式，使深圳因崇尚阅读而成为受人尊敬的城市，还深切地改变了深圳的人文面貌，有效地扭转了世人对深圳的文化想象，成为深圳展现文化新气象、营造书香社会的一个标志性符号。

阅读不仅是眼前的繁荣，也是传统的继承，更是未来的希望。让我们从阅读开始，塑造一个文化的城市、一个文化的中国。

第十一章

设计之都

当今世界，国家与国家、城市与城市之间的竞争越来越体现在文化实力的较量上，其核心就是创意文化的比拼。创意，不仅是追求真善美的一种力量，也是城市发展的动力源泉；创意，不仅是文化深圳的代表性符号，也是引领和托举城市文化的强大力量。因为创意，蓬勃的想象力与创造力正助力一座城市的腾飞。

设计是产品的灵魂。在经济高速发展的今天，产品利润更多来自设计包装所带来的附加值，而通过原材料本身来追求利润反而成了非主要手段。设计所蕴含的巨大想象力和创意使产品逐步脱离了原有的行业领域，更大范围地进入社会。

文化产业举足轻重，先进的文化产业代表着先进文化前进的方向。深圳作为一座年轻的移民城市，环境宽松，包容大气，年轻人的思想最开放、最活跃、最富有想象力，他们在此可以大胆地想、大胆地做、大胆地干，只要有价值就可以充分展示。深圳开当代文化产业之先河，在多个细分领域成为全国标杆，尤其是以创意设计、科技为引领的文化产业创新亮点频出，文化发展模式异彩纷呈。

一　文化深圳，以创意为代表

深圳葱茏的创意文化氛围，不仅为创意企业、设计师和艺术家提供了沃土，而且正在培养着更多的"创意公民"。创意主体的流动、变换与多元化，让这座城市迸发出耀眼的文化新意，城市的活力由此生生不息。这座洋溢着创意气息的城市，不断发挥着磁石效应，吸引、孕育着一批又一批有着文化追求的新深圳人。深圳拥有数量不少的音乐家、戏剧家、舞蹈家、影视制作者等文化艺术群体，他们生生不息的创作，促进了城市品位的提升。

在深圳，人们共享创意之乐。创意，并非曲高和寡，而是像"盐"一样让千万民众的生活有滋有味，只要有热情和天赋，每个市民都有机会成为文化创造的主体。在深圳，创意文化的精神内核是开放的，鼓励每一位市民的参与，不仅吸引他们被动欣赏，而且激发他们的创造性，为这座城市激扬出更具活力的文化新意。

深圳有一年一度的创意节庆——"创意十二月"，让人们享受创意的狂欢节，而每年 12 月 7 日的"创意设计日"犹如一个文化闹钟，提醒并唤醒城市的创意激情。已举办 16 届的"创意十二月"，坚持将高端的专业创意和群众性的生活创意相结合，为"全民创意"鼓瑟吹笙，人们可以欣赏创意舞蹈，体验创意剧场，品味创意设计，提升创意品位，还可以到设计师的工作室去看一看、聊一聊。此外，许多专门为市民设计的市民创意大赛等活动，更是让各种创意特长找到了用武之地。不仅如此，近年来，一座座带着时光印迹的废弃厂房"华丽转身"成为创意工厂与创意仓库，变化无穷的室内设计、随处陈设的现代艺术品和在这些空间里自由随性地工作着的设计师们，形成了一种独特的民间创意风景和文化生态现象。鹏城浓郁的创意气息，让世界惊叹。

创意，是文化中最灵动的部分，是城市可持续发展的重要元素。自 2005 年起截至 2020 年，深圳已成功举办十六届"创意十二月"活动，我们看到了创意无限发展的可能性，更看到创意结出累累硕果。2008 年，深圳的创意实力得到世界的认可，被联合国教科文组织授予世界第六个"设计之都"的称号，深圳还把 12 月 7 日确定为创意设计日。这一切说明，创意给深圳带来了无限可能。在这个过程中，深圳和世界各创意城市结缘，设立了联合国教科文组织创意城市网络深圳创意设计新锐奖，表明了深圳通过不懈的努力，赢得了辉煌的成果。

"创意十二月"这一文化品牌，对于推动城市创意文化产业跨越式发展、培育市民创意精神有着重要作用。经过不断耕耘和快速发展，深圳创意能力不断提高、城市创意氛围不断增强，探索形成了"文化 + 创意""文化 + 科技""文化 + 金融"的产业发展模式。截至 2020 年，深圳文化及相关产业法人单位超过 10 万家，从业人员超过 100 万人，产业增加值从 2015 年的 1021 亿元增长到 2020 年的 2200 亿元，占全市 GDP 的比重从 5.8% 上升到 8%，年均增速远高于全市 GDP 增速。

深圳正建设智慧型、包容型、力量型、创新型文化，崇尚创新和创意，追求知识和理性，锻造刚毅血性的进取精神和海纳百川的包容精神，为创意的发展提供了丰沃土壤。

"文化深圳，以创意为代表"体现了深圳的文化自信。不同的城市以不同的文化内容为代表，有的以古迹为代表，有的以历史人物为代表，有的以重大历史事件为代表，深圳提出以创意为代表，主要有三方面的原因。

第一，从环境上来讲，创意活动是一种思想活动，人在压抑的情况下是难以产生创意冲动的，只有宽松的环境才会催生精彩创意。深圳的思想解放和多元文化给一切创意活动提供了很大的舞台，提供了宽松的环境。

第二，深圳是一座年轻的移民城市，移民文化最大的特点就是包容，各种各样的创意包括奇思妙想在深圳都是允许的。年轻人的思想最解放、最活跃、最富有想象力，在这里，人们可以大胆地想、大胆地做、大胆地展示，只要有价值，就可以充分展示。

第三，深圳有一种气魄。深圳拥有大批平面设计师、工业设计师，还有数以万计的其他类别的设计师，这些设计师以及创意设计企业让深圳创意无限，使深圳可以在创意前沿占据一席之地。正因如此，今天的深圳文化，可以以创意为代表。

创意是开发人类创造力、解放文化生产力、提高产业竞争力、增加国家软实力的有效手段。对于城市而言，创意是都市活力与生命力的催化剂，是城市发展的力量和源泉，对于提升城市文化品位、塑造城市魅力和品牌、重绘城市地图具有十分重要的意义。

当今是一个创新的时代，一批世界先进城市在其发展战略中无不优先考虑要占领文化的制高点，要拼创意和创新，要建构在创新和创意方面具有国际竞争力的大都市。伦敦最先提出要维护和增强伦敦作为"世界卓越的创意和文化中心"的声誉，纽约将城市精神确定为"高度的融合力、卓越的创造力、强大的竞争力、非凡的应变力"，东京提出"从功能城市走向文化城

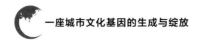

市"和"从国际城市走向创意城市"的战略构想。

显而易见，21 世纪的城市竞争是基于创意和创新的一种博弈，成功的城市将是拥有创新型文化的城市。1997 年，英国最早提出"创意产业"概念，近年来相继发布《创意英国》《数字英国》报告，提出打造全球创意产业中心。创意产业已成为其经济引擎、就业人口最多产业，其产值超过任何一种传统制造业产值，即使在最严峻的 2009 年，创意产业外贸额达 89 亿英镑，占出口总额的 10.6%。伦敦奥运会给人留下最深刻印象的是展示了英国创意产业的强大实力，伦敦创意产业已成为产值仅次于金融业的第二产业，伦敦正成为"世界卓越的创意和文化中心"。工业革命发源地之一曼彻斯特，实施"创意之都"发展战略，扭转了经济衰落局面，城市华丽转身，成为有重要影响力的创意产业集散地。

二 全球第六个"设计之都"

2008 年 11 月 19 日，深圳获得联合国教科文组织授予的"设计之都"称号，成为联合国教科文组织创意城市网络中的第六个"设计之都"，这是中国首个获得这一荣誉的城市，也是发展中国家中的第一个获得这个称号的城市。

设计乃是现代产品的灵魂，在这个经济高速发展的年代，产品的利润更多来自设计包装所带来的附加值，而通过原材料本身来追求利润，反倒不是主要手段。设计所蕴含的巨大的想象力和创意使产品逐步脱离了原有的行业领域，更大范围地进入公众社会。我们讲创新是深圳的代名词，而在物质方面，深圳的创新精神就是通过不断提高和壮大的设计能力来实现的。

作为设计之都的深圳是中国现代化设计的诞生地，多年来聚集和培养了中国最早的一批设计师。目前，深圳已成为中国设计人才汇集最集中的地区。数据显示，深圳现拥有各类创意设计企业超过 5 万家，从业人员近 100 万人，领域涵盖平面设计、工业设计、室内设计、服装设计、玩具设计、工艺礼品设计、钟表设计、珠宝设计、包装设计、建筑设计、动画设计、游戏设计等等，这是深圳文化创意产业不竭的源泉。①

基于对创意设计重要作用的认知，2019 年，深圳印发《关于推动深圳创意设计高质量发展的若干意见》，意见要求壮大创意设计市场主体，支持创意设计企业向专、精、特、新方向发展，打造中小微创意设计企业集群，进一步增加创意设计商事主体数量。在各方共同推动下，深圳创意设计产业发展迅速，单从工业设计行业来说，2020 年总产值达 134.56 亿元，同比增长 16%，带动下游产业经济价值超过千亿元；拥有各类工业设计机构及企业近 2.2 万家，工业设计师及从业人员超 15 万人。②

今天的深圳，活跃着几十万名设计师，来自各个领域，同时还有很多文艺工作者，每天都在创作着文学、音乐、美术、影视剧等各方面的艺术。这些专业人士，是深圳创意的火车头和中坚力量，我们要对他们的成果永远表示尊重。同时，我们更应把眼光放在广大市民身上，放在那些有着澎湃创意激情的青年学生、老艺术家、优秀外来建设者以及各行各业的人身上。他们身上，都体现着这个城市所需要的创意精神。

---

① 《何增强：发展文化创意产业是提升城市综合竞争力的重要抓手》，深圳新闻网，2020 年 8 月 4 日。

② 杨阳腾：《深圳市创意设计产业发展调查：创意之都展现文化自信》，中国经济网，2021 年 9 月 26 日。

曾经有一句话说得很直观，哪里有可口可乐和薯条，哪里就有美国文化。但更根本、更丰富的文化流动，靠文化产业的发展来推动，这是产生新文化最重要的基础，也是最重要的科学技术和生产力量。因此，文化产业举足轻重，先进的文化产业代表着先进文化的前进方向。深圳开当代中国文化产业发展之先河，在多个细分领域成为全国标杆，尤其是以创意设计、科技为引领的文化产业创新亮点频出，"文化"模式异彩纷呈，文化创意产业增加值占全市 GDP 比重达 10%，核心文化产品出口值连续多年占全国的 1/6。发达的文化产业为深圳的文化自信提供了强大支撑。

随着《粤港澳大湾区发展规划纲要》和《中共中央国务院关于支持深圳建设中国特色社会主义先行示范区的意见》的相继出台，深圳再次迎来新的历史发展重大机遇。作为深圳四大"支柱产业"之一的文化创意产业也面临新局面、新要求、新目标。深圳是设计之都，要努力把深圳创意不断推向世界，深圳有这样的向往，更有这样的实力。深圳的实力来自城市人群的多样性，来自城市人群的梦想。我们希望各种创意协会、创意民间组织、创意文化展馆等参与城市创意发展，希望从政府到市民都汇聚到城市创新创造的道路上来。在我们的城市，创意的主体永远是设计师和市民，各种创意机构、协会和组织的发展壮大，将汇成深圳创意最核心的力量。

"删繁就简三秋树，领异标新二月花"，希望每个创意者都可以把平常之事物经过头脑风暴和创意剪裁，捧出创意的花朵，贡献给社会，期盼深圳这片热土总有创意鲜花常开常在。

三　小结

　　创意是开发人类创造力、解放文化生产力、提高产业竞争力、增强国家软实力的有效手段。对于城市而言，创意是都市活力与生命力的催化剂，是城市发展的力量和源泉，对于提升城市文化品位、塑造城市魅力和品牌、重绘城市地图具有十分重要的意义。

　　任何发展战略无不优先考虑占领文化制高点，而制高点之争实质上就是创意、创新之比拼，比拼目的在于强化竞争力。提供创意、设计沃土的新深圳正在培养更多的"创意公民"，使创意主体的流动、变换与多元化空间越来越大，让这里充满文化新意、洋溢着浓厚的创意气息，不断产生着磁石效应。

　　"设计之都"风景独好，深圳在唤醒城市创意激情的同时，坚持将高端的专业创意与群众性的生活创意相结合，为"全民创意"铺平道路，让人们在欣赏创意歌舞、体验创意剧场、品味创意设计的过程中提升创意品位，让各种创意有"用武"之地。

参考文献

Alexander, N. , "Rethinking Culture, Linking Tradition and Modernity. " Paper presented at the second meeting of the Advisory Committee of Experts. Venice. 2007, 2 – 3 April.

Appadurai, A. , "Disjuncture and Difference in the Global Economy. " In M. Featherstone (ed.), *Global Culture. Nationalism Globalization and Modernity.* London: Sage. 1990.

Robinson K. , "What in the World's Going on?" In P. du Gay (ed.), *Production of Culture/Cultures of Production.* London: Sage/ Open University Press. 1997.

Stephen Greenbaltt, Ines Zupanov, Reinhard Meyer-kalkus, Heike Paul, Pál Nyíri, Friederike Pannewick, *Cultural Mobility*: *a Manifesto.* Cambridge/New York: Cambridge University Press. 2010.

World Commission on Culture and Development, "Our Creative Diversity: Report of the World Commission on Culture and Development. " Paris: Unesco Pub. 1996.

Michael Walzer, *On Toleration*, New Haven: Yale University Press. 1997.

Wilk, R. , "Learning to Be Local in Belize: Global Systems of Common Difference. " In D. Miller (ed.), *Worlds Apart*: *Modernity Through the Prism of the Local.* London: Routledge. 1995.

〔澳〕大卫·索罗斯比:《文化经济学》,张维伦等译,台北典藏艺术家庭股份有限公司，2003。

〔澳〕苏珊·谢区、珍·哈吉斯：《文化与发展：批判性导论》，沈台训译，台北巨流图书公司，2003。

〔丹麦〕丹麦文化部、贸易产业部：《丹麦的创意潜力》，李璞良、林怡君译，台北典藏艺术家庭股份有限公司，2003。

〔德〕卡尔·雅斯贝尔斯：《历史的起源与目标》，魏楚雄、俞新天译，华夏出版社，1989。

〔法〕弗雷德里克·马特尔：《论美国的文化——在本土与全球之间双向运行的文化体制》，周莽译，商务印书馆，2013。

〔法〕弗雷德里克·马特尔：《主流——谁将打赢全球文化战争》，刘成富等译，商务印书馆，2012。

〔法〕尚－皮耶·瓦尼耶：《文化全球化》，吴锡德译，台北：麦田出版社，2003。

〔古希腊〕赫拉克利特：《赫拉克利特著作残篇》，《西方哲学原著选读》，商务印书馆，1981。

〔古希腊〕希罗多德：《历史》，王以铸译，商务印书馆，2002。

〔古希腊〕亚里士多德：《大伦理学》，《亚里士多德全集》（第八卷），徐开来译，中国人民大学出版社，1992。

〔加〕贝淡宁、〔以〕艾维纳：《城市的精神》，吴万伟译，重庆出版社，2012。

〔美〕露丝·本尼迪克特：《文化模式》，王炜等译，三联书店，1988。

〔美〕丹尼尔·贝尔：《资本主义文化矛盾》，赵一凡、蒲隆、任晓晋译，三联书店，1989。

〔美〕亨德里克·房龙：《宽容》，迮卫、靳翠微译，三联书店，1985。

〔美〕贾雷德·戴蒙德：《枪炮、病菌与钢铁：人类社会的命运》，谢延光译，上海人民出版社，2006。

〔美〕简·雅各布斯：《集体失忆的黑暗年代》，姚大钧译，中信出版社，2007。

〔美〕刘易斯·芒福德：《城市发展史——起源、演变和前景》，宋俊岭、倪文彦译，中国建筑工业出版社，2005。

〔美〕刘易斯·芒福德：《刘易斯·芒福德著作精粹》，宋俊岭、宋一然译，中国建筑工业出版社，2010。

〔美〕刘易斯·芒福德：《城市文化》，宋俊岭、李翔宁、周鸣浩译，中国建筑工业出版社，2009。

〔美〕罗伯特·E. 勒纳、斯坦迪什·米查姆、爱德华·麦克纳尔·伯恩斯：《西方文明史》Ⅰ，王觉非等译，中国青年出版社，2009。

〔美〕乔尔·科特金：《全球城市史》，王旭等译，社会科学文献出版社，2010。

〔美〕乔治·兰克维奇：《纽约简史》，辛亨复译，上海人民出版社，2005。

〔美〕熊彼特：《经济发展理论》，何畏等译，商务印书馆，1990。

〔美〕雅克·巴尔赞：《从黎明到衰落：西方文化生活五百年，1500 年至今》，林华译，中信出版社，2013。

〔美〕伊丽莎白·科瑞德：《创意城市：百年纽约的时尚、艺术与音乐》，陆香、丁硕瑞译，中信出版社，2010。

〔土〕奥尔罕·帕慕克：《伊斯坦布尔：一座城市的记忆》，何佩桦译，上海人民出版社，2007。

〔意〕维柯：《新科学》（上册），朱光潜译，商务印书馆，

1989。

〔意〕葛兰西：《葛兰西文选》，李鹏程译，人民出版社，2008。

〔英〕爱德华·泰勒：《原始文化》，连树声译，广西师范大学出版社，2005。

〔英〕伯特兰·罗素：《中西文化之比较》，《一个自由人的崇拜》，胡品清译，时代文艺出版社，1988。

〔英〕查尔斯·兰德利：《创意城市：如何打造都市创意生活圈》，杨幼兰译，清华大学出版社，2009。

〔英〕戈登·柴尔德：《城市革命》，陈洪波译，《都市文化研究》2010 年第 1 期。

〔英〕查尔斯·兰德利：《作为创意城市的伦敦》，《创意产业读本》，曹书乐、包建女、李慧译，清华大学出版社，2007。

联合国教科文组织世界报告：《着力文化多样性与文化间对话》，联合国教育、科学及文化组织，2010。

程达军：《移民文化、技术创新与深圳企业国际化经营》，《经济论坛》2013 年第 6 期。

费孝通：《乡土中国》，上海人民出版社，2007。

韩冬雪：《论中国文化的包容性》，《山东大学学报（哲学社会科学版)》2013 年第 2 期。

〔波〕雅努兹·西摩尼迪斯：《文化权利：一种被忽视的人权》，黄觉译，《国际社会科学杂志（中文版)》1999 年第 4 期。

李泽厚：《李泽厚哲学美学文选》，湖南人民出版社，1985。

联合国大会：《文化权利：十周年报告》，联合国官网，2019 年 1 月 17 日。

联合国贸发会议主编《2010 创意经济报告》，中国社会科学院文化研究中心译，《社会科学报》2011 年 12 月 15 日。

《毛泽东选集》第二卷，人民出版社，1991。

沈轩：《城市人文精神断想》，《深圳特区报》2007 年 4 月 29 日。

〔美〕苏米特拉·杜塔等：《2020 年全球创新指数：谁为创新出资?》，世界知识产权组织，2020。

王沪宁：《文化扩张与文化主权：对主权观念的挑战》，《复旦学报（社会科学版）》1994 年第 3 期。

王京生：《城市文化"十大愿景"》，中国人民大学出版社，2015。

王京生：《国家文化主权的城市担当》，《中国文化报》2014 年 6 月 25 日。

王京生：《全民阅读的深圳样本》，《光明日报》2019 年 4 月 24 日。

王京生：《什么驱动创新——国家创新战略的文化支撑研究》，中国社会科学出版社，2017。

王京生：《文化中国，从阅读开始》，《中国文化报》2020 年 4 月 23 日。

王京生：《阅读是最好的可持续发展》，《深圳特区报》2016 年 4 月 23 日。

杨柳：《基因与潜能：创新驱动发展》，海天出版社，2020。

翁惠娟、韩文嘉：《东方风来 书香满城 深圳持之以恒推动全民阅读建设学习型城市》，《深圳特区报》2019 年 11 月 7 日。

《中共中央 国务院关于支持深圳建设中国特色社会主义先行示范区的意见》。

《中共中央办公厅 国务院办公厅印发〈深圳建设中国特色社

会主义先行示范区综合改革试点实施方案（2020－2025 年)〉》。

张军：《深圳奇迹》，东方出版社，2019。

张旭东：《全球化时代的文化认同：西方普遍主义话语的历史批判》，北京大学出版社，2005。

图书在版编目（CIP）数据

一座城市文化基因的生成与绽放／王京生著. -- 北
京：社会科学文献出版社，2023.11
ISBN 978 - 7 - 5228 - 2227 - 3

Ⅰ.①一… Ⅱ.①王… Ⅲ.①城市文化 - 研究 - 中国
Ⅳ.①C912.81

中国国家版本馆 CIP 数据核字（2023）第 141147 号

一座城市文化基因的生成与绽放

著　　者／王京生

出 版 人／冀祥德
责任编辑／周雪林
责任印制／王京美

出　　版／社会科学文献出版社（010）59367126
　　　　　　地址：北京市北三环中路甲 29 号院华龙大厦　邮编：100029
　　　　　　网址：www. ssap. com. cn
发　　行／社会科学文献出版社（010）59367028
印　　装／三河市东方印刷有限公司

规　　格／开 本：787mm × 1092mm　1/16
　　　　　　印 张：16.75　字 数：190 千字
版　　次／2023 年 11 月第 1 版　2023 年 11 月第 1 次印刷
书　　号／ISBN 978 - 7 - 5228 - 2227 - 3
定　　价／128.00 元

读者服务电话：4008918866